EL LIBRO QUE SALVARÁ TU RELACIÓN DE PAREJA

Cristina Soria

EL LIBRO QUE SALVARÁ TU RELACIÓN DE PAREJA

Evita las discusiones, gestiona los conflictos y mejora la comunicación.

HarperCollins

Editado por HarperCollins Ibérica, S. A.
Avenida de Burgos, 8B - Planta 18
28036 Madrid

El libro que salvará tu relación de pareja. Evita las discusiones, gestiona los conflictos y mejora la comunicación

Diseño de cubierta: CalderónStudio
Imagen de cubierta: Shutterstock
Maquetación: MT Color & Diseño, S. L.
Foto de la autora: Nines Mínguez

ISBN: 978-84-9139-981-0
Depósito legal: M-17024-2023

A Alberto, con el que llevo compartiendo veintitrés años de matrimonio. Llegar hasta aquí no ha sido fácil, pero la comunicación, el humor y la admiración mutua nos han permitido saltar todos los obstáculos.

A mis padres, que me inculcaron los valores más importantes para crear una familia.

Índice

II. El arte de discutir sin pelear

Introducción

¿Cuándo ha sido la última vez que has discutido con tu pareja? ¿Recuerdas el motivo? Todos pasamos por distintas etapas en la convivencia y en algunas son más frecuentes las discusiones que en otras. Es verdad que el estado emocional por el que estamos pasando, las preocupaciones, el estrés, el miedo, la toma de decisiones, son elementos que influyen en nuestra relación. Las expectativas sobre lo que supone llevar una vida en común, en ocasiones, no se ven representadas en el día a día.

Las discusiones forman parte de nosotros, son un elemento por el cual entramos en una batalla por querer tener la razón sobre algo o alguien, un intento por convencer al otro de que lo que pensamos es lo correcto, que nuestra manera de hacer las cosas no solo es la mejor, sino que es la ÚNICA, es una forma de decir a la otra persona «estoy aquí y me siento ninguneada», es una manera por la que el EGO levanta la mano y en ocasiones se convierte en un modo de vida. Sea por la razón que sea, en lo que todos coincidimos es que las discusiones forman parte del ser humano.

No sé si en los últimos tiempos habrás observado que estamos todos con los sentimientos a flor de piel, mucho más irascibles, en los que hace falta muy poco para que saltemos. La situación económica con la subida de los precios, la polarización de la política, la inestabilidad laboral, las noticias negativas que inundan los informativos hacen que como poco el estado de ánimo se vea tocado y a veces hundido. Y, como te podrás imaginar, nuestra relación de pareja se ve afectada por este contagio de emociones negativas.

Además, estamos de acuerdo en que cada vez llevamos una vida más acelerada, en la que luchamos por alcanzar esos objetivos profesionales con los que creemos que vamos a ser más felices, sentirnos más realizados y vivir mejor, lo que nos lleva a un día a día caótico, en el que hacemos encaje de bolillos para poder conciliar la vida profesional y personal. Así que si esto ya es complicado, no digamos cuando tenemos que atender nuestra vida de pareja, no nos quedan ni ganas, ni energía y en muchas ocasiones ni tiempo. O eso creemos.

Sea lo que fuere, la realidad nos lleva a sobrevivir en pareja, acompañados por un wasap de buenos días, mensajes que sirven de peticiones convertidas en órdenes, alarmas que nos recuerdan los compromisos y en los que no tenemos tantos espacios para la piel con piel. Así que es precisamente en esos periodos de mayor convivencia cuando nos damos cuenta de que vivimos con unos desconocidos, con los que hace mucho tiempo no nos sentamos a conversar, a recuperar nuestros sueños, ilusiones..., y de los que aguantamos bastante poco porque ni siquiera nos aguantamos a nosotros mismos.

En este sentido, las estadísticas son claras, y es tras el periodo vacacional cuando aumenta el número de separaciones. Debe ser que PARAR NOS APORTA CONSCIENCIA.

Así es, tras un año duro en el que tenemos el foco puesto en esos días en la playa, en la casa del pueblo o viajando a algún lugar paradisiaco, nos vemos compartiendo las veinticuatro horas con esa persona con la que llevamos años viviendo bajo el mismo techo, pero compartiendo solo unos ratos, con lo que nos damos cuenta de que realmente no nos conocemos del todo.

Y en ese paréntesis anual somos conscientes de la cantidad de cosas que nos molestan de la pareja, además de que hay casos en los que tenemos que ceder parte de nuestro tiempo a compartirlo con la familia política. Descubrimos que mientras a mí me encanta tumbarme en la toalla al sol, nuestra pareja está deseando hacer una nueva ruta por la montaña. O que ni siquiera nos ponemos de acuerdo para elegir el menú para la comida.

Llevamos meses dando gusto a los deseos de los demás y ahora, durante el periodo vacacional, no estamos dispuestos a ceder en ninguna de las peticiones, porque estamos convencidos de que nos lo hemos ganado. Pero, claro, si nosotros tenemos estas necesidades, nuestra pareja tiene las suyas, y a veces son completamente opuestas. Y es en ese momento cuando se produce el choque de trenes.

¿Cuántas veces has rumiado en voz baja despotricando hacia tu pareja? ¿Cuántas veces te has jurado que ya era la última vez en la que pasabas por alto esto o lo otro? ¿Cuántas veces te has enfadado porque has sentido que al llegar a casa, con ganas de contarle todas las tragedias que te habían pasado durante el día, has visto cómo tu pareja no te prestaba atención? ¿Cuántas veces has dejado pasar un día más sin hablar prácticamente con ella y si lo has hecho, ha sido para echarle algo en cara?

Sí, siento confirmarte que las historias de amor que nos vendió Disney son MENTIRA. Que los cuentos de princesas y ranas convertidos en príncipes no existen. Tampoco las parejas perfectas cuyas vidas son retransmitidas por Instagram y TikTok. Ni siquiera sabemos con certeza si la relación entre Adán y Eva estuvo siempre exenta de reproches y de sentimientos de culpa.

Esa frase con la que terminan todos los cuentos que nos han transmitidos nuestras abuelas, «y fueron felices y comieron perdices» no se cumple en la vida real, tal y como nos lo hemos imaginado, porque, a decir verdad, esas historias de amor feliz acaban ahí, nadie nos ha aclarado qué pasó seis meses, dos años o quince años más allá.

No nos han explicado cómo superaron los obstáculos que fueron apareciendo, cómo trabajaron en equipo, porque eso es una relación de pareja, cómo siguieron trabajando ese amor y manteniendo viva la llama de la pasión y apaciguada la de la guerra. Nadie nos ha hecho saber cómo esas parejas idílicas superaron las crisis provocadas por el paso del tiempo, la influencia de la familia o los momentos de desmotivación. No sabemos si siguieron cultivando su parcela individual a la vez que no abandonaron la de pareja, ni cómo llevaron los estragos que producen en nosotros el paso de los años.

Centrándonos en las discusiones que se dan en una relación:

¿Significa que, aunque existen, deben ser la manera de comunicarnos con nuestras parejas? NO.

¿Esto significa que las parejas están avocadas a la ruptura? NO SIEMPRE.

¿Podemos hacer algo para tener una relación de pareja sana? SÍ.

¿Conocer ciertos aspectos de nuestras diferencias puede ayudar a entendernos y llevar una mejor vida en común? SÍ.

¿Existe una fórmula mágica para tener una relación de pareja en equilibrio? SÍ. No sé si mágica, pero sí que podemos poner en práctica las bases que nos llevan a una vida en pareja equilibrada.

Cuando decidimos vivir en pareja, partimos de los patrones familiares para, en unos casos, copiarlos a pie juntillas y, en otros muchos, hacer todo lo contrario a lo que ellos hicieron. Además, la relación familiar influye directamente en la relación de pareja, ya que repetiremos roles que desarrollamos en nuestro ámbito desde la más tierna infancia. Por ejemplo, si en mi familia, a pesar de ser el menor de mis hermanos, siempre ejercí de padre de los demás, posiblemente con mi pareja repita ese papel paternal.

Nos embarcamos en una relación con un compromiso eterno, sin caer en la cuenta de que somos dos personas con su propia historia vital, su diferente educación, su personalidad y sus distintas expectativas. Y precisamente para que esa relación dure todo lo que nos imaginamos, debemos aprender a amoldarnos y a conocernos, observando y observándonos con otras gafas, lo que nos permitirá crear una nueva relación y dejar la lucha de imponer lo que sentimos como la ÚNICA VERDAD.

Sí, porque compramos la idea de que «con AMOR todo se puede» y no siempre es suficiente. Repito: las discusiones están presentes porque forma parte del ser humano ese deseo de imponer nuestra opinión, porque no nos comunicamos de manera asertiva y porque debemos desaprender comportamientos que van de serie en nuestro ADN si queremos vivir felices en pareja.

Por no decir que mantener la pasión a lo largo de años de convivencia es un trabajo donde las dos partes tienen que aportar. Seguir mirando a los ojos con admiración, y que hagan lo mismo contigo, también es una tarea diaria. La vida nos presentará obstáculos, en ocasiones difícilmente predecibles, y de los que saldremos fortalecidos si decidimos ser un equipo.

Las nuevas generaciones conviven mucho antes de dar el primer paso de compromiso, sin embargo, antes nos lanzábamos a la piscina sin saber si había suficiente agua, convencidos de que era lo que nuestros valores y principios nos dictaban.

Para ser honestos, hay que decir que una fórmula u otra no son garantía de éxito ni de eternidad. Y si no, ¿recuerdas tu primer año de vida en común? Yo sí. En ese momento me di cuenta de que si lo que me esperaba de mi matrimonio era lo mismo que estaba viviendo en esos primeros meses, ¡quería pedir *ipso facto* la hoja de reclamaciones! Nadie nos avisa de que la convivencia es dura de por sí, pero si a eso le añades que no vivimos dos, sino que vivimos en multitud, lo hace todavía más complicado. Y digo multitud porque siempre está la madre, la suegra o la hermana, queriendo dejar huella.

Nuestro ego no nos permite comenzar a escribir una historia a partir de una hoja en blanco, y hasta dónde colocar la vajilla se puede convertir en una acalorada discusión. Sin olvidar que hay quien —no fue mi caso— en el momento en el que parece asegurarse la vida en común deja de sorprender o de tener detalles y de avivar la pasión. En muchas ocasiones dejan de cuidarse y de mantener espacios para ellos. Se alejan de los amigos y de ciertos *hobbies* que antes formaban parte de su día a día. Y todo esto se convierte en una relación en la que a veces te olvidas de ti como ser independiente, y en la que son más habituales los reproches porque esperas que todas las carencias que tienes sean cubiertas por tu pareja. ¡Gran error!

Así que si vivir en pareja es un clásico, lo mismo son las discusiones acaloradas, que lo único que hacen es alejar a esas dos personas que alguna vez se quisieron. La monotonía, la falta de comunicación, la falta de pasión..., en el mejor de los casos llevan a la ruptura y en el peor a la apatía. Y que algo sea frecuente no debe convertirse en normal. Por eso llega a tus manos este libro, con la firme intención de:

- Entendernos y conocernos mejor, lo que nos llevará a una mejor comprensión. Saber que en esencia fisiológicamente somos diferentes y que la educación y la cultura nos han llevado a comportamientos que en muchas ocasiones provocan la confrontación.
- Conocer cuál es la química del cerebro del hombre y de la mujer para poder entendernos un poco mejor.
- Mejorar nuestras habilidades de comunicación y de escucha.
- Aprender a ocupar el rol que nos corresponde en la pareja.
- Entender cómo somos cada uno de nosotros en el terreno sexual, y aprender a mantener viva la pasión, a pesar de que llevemos muchos años de pareja.
- Detectar comportamientos tóxicos que nos llevan a la dependencia del otro.
- Saber soltar cuando nuestro camino debe separarse.
- Vivir la relación de pareja a partir de la edad madura sin el pensamiento recurrente «ya no lo aguanto más», porque a esa edad posiblemente sea cuando más se discute.

Para ello contaremos con una primera parte en la que exponemos ciertas diferencias que se producen en nuestra fisiología, química y educación. La segunda parte de este libro ofrece una serie de herramientas para crear una relación sana de pareja en la que, aunque haya puntos de desencuentro, sepamos afrontarlos.

El principal objetivo del libro es que vuelvas a ilusionarte y a aprender de los errores del pasado. A verte y ver a tu pareja de otra manera, a recuperar el sentido del humor, que des el valor que le corresponde a la comunicación y te olvides de los silencios, que desarrolles la empatía, que aprendas a pedir lo que necesitas, incluso a discutir y, sobre todo, que aprendas a vivir feliz en pareja. Y si no hay solución, aprender cuándo y cómo decir adiós.

I

Destinados a entendernos

En el día a día se producen pequeños encontronazos con nuestras parejas. Discusiones que parecen repetirse como si del sueño de la marmota se tratara. No somos capaces de quitarnos las propias gafas, vemos el mundo a través de nuestros cristales, y una y otra vez nos encontramos enfrascados en la misma discusión. Muchas de ellas se producen porque somos personas diferentes, educados en distintas familias, en ocasiones no compartimos los mismos valores ni la misma religión. Cada uno hemos vivido nuestras propias experiencias desde la infancia, que han ido calando en nosotros y que nos han hecho ser la persona que somos hoy en día.

Por mi experiencia de un matrimonio de veintitrés años, me he dado cuenta de lo importante que es comprender y aceptar a la otra persona tal y como es si no queremos tirar la relación por la borda. No siempre es fácil, durante estos años también vamos cambiando nosotros individualmente, pero encontrando algunas respuestas y aplicando el sentido del humor es mucho más sencillo mantener esa relación en el tiempo, siempre que sea sana, que aporte a ambas partes y que no nos resistamos a perder la pasión.

Durante los dos próximos capítulos he querido dar explicación a por qué nos comportamos de cierta manera, tenemos reacciones diferentes ante una misma situación, nos comunicamos desde lugares distintos y hasta sentimos con diferente filtro. No es cuestión de invalidar, sino de entender, porque siempre visto con humor podemos sortear muchas de las discusiones que nos llevan a un desgaste personal y de la pareja.

1
De aquellas tormentas, estos lodos

Somos lo que pensamos y actuamos según pensamos, aunque hay veces que la incoherencia es una de las características que nos definen y de la que podríamos hablar largo y tendido.

Y digo que somos lo que pensamos porque no hay mayor controlador de las emociones y los comportamientos que nuestros pensamientos. A veces propios, y otros adquiridos o heredados. Y pensarás, ¿qué tiene que ver esto con lo que nos ocupa? Ya te he dicho que en estas primeras páginas mi objetivo es que puedas entender, que no compartir, ciertas reacciones y comportamientos de tu pareja.

Contestando a la primera pregunta: ¿qué tienen que ver los pensamientos en nuestra relación de pareja? MUCHO.

El cerebro es el creador de los pensamientos y el guardián de nuestras emociones. Es capaz de hacer que el día que hoy estamos viviendo sea maravilloso o todo lo contrario. A lo largo de la historia de la humanidad nos ha permitido sobrevivir, emocionarnos, centrarnos en un objetivo, desarrollar un plan, aprender y desaprender, comunicarnos, realizar cálculos, dibujar, leer o escribir. Con los avances de la ciencia, y gracias a la gran labor de los neurocientíficos, se ha aprendido mucho de él y aún quedan cosas por las que seguir sorprendiéndonos.

Ya sé lo que te estás preguntando mientras lees estas líneas: ¿qué tiene que ver con los hombres y las mujeres? MUCHO.

¿Cuántas veces has pensado que tu pareja no te comprende? ¿Tú, mujer, te has enfadado porque es incapaz de encontrar el yogur de fresa en la nevera a no ser que tenga un letrero de neón luminoso? ¿En cuántas ocasiones te has quejado porque tu marido —podemos extenderlo a hermano o a hijo— es incapaz de hacerte caso si está haciendo otra cosa? Es más, ¿a cuántos hombres ves hablando por teléfono a la vez que se ponen a cocinar? Las mujeres logramos estar hablando con nuestra madre, amiga o prima a la vez que preparamos la comida del día siguiente y nos conectamos a la plataforma del colegio para autorizar la excursión de la semana siguiente. ¿Será por eso que hasta que se inventaron los AirPods sufríamos más de tortícolis?

¿Qué tal llevas que tu hijo o hija llegue a casa, venga con una preocupación o problema, y tu marido no se dé cuenta de que algo pasa? Y si es consciente de ello, no entiende por qué semejante sofocón. ¿En cuántas ocasiones ha surgido una discusión tonta porque no coincidís en poneros de acuerdo con el color del jersey que tenéis delante? La mayoría de estas confrontaciones no tienen gran importancia, pero están ahí. Y por dentro, con el paso de los años, vas rumiando internamente: «Es que no puedo con él» —o ellos con nosotras—.

Cuando verbalizas esto con tu madre o tu grupo de amigas somos capaces de compartir miles de quejas en las que todas nos sentimos reflejadas. No hay nada como un grupo de wasap para compartir problemas como si se tratara de una hoja de reclamación. Y es que al compartir estos pequeños obstáculos del día a día, parece que se hacen más pequeños, o nos consolamos más fácilmente porque solo necesitamos vomitar eso que llevamos dentro, que nos escuchen, nos entiendan, que valoren todo lo que hacemos por nuestra pareja y/o familia y, además, nos consuela saber que en todos los sitios cuecen habas.

La herencia que nos dejaron las cavernas

Seguro que sigues haciéndote la misma pregunta: ¿esto qué tiene que ver con el cerebro? Te puedo adelantar que más de lo que te imaginas. Todos estos comportamientos, esta forma de ver las situaciones, esta manera de actuar y de sentir tan dispar, viene en parte de nuestras diferencias fisiológicas. Aunque no es lo único.

Te podrás hacer a la idea de que siempre ha habido un debate y se han desarrollado teorías de si el cerebro del hombre y la mujer es igual o distinto. Biológicamente se puede afirmar que no hay tantas diferencias, aunque hay matices, pero sí en cuanto a su funcionalidad y esta es la razón por la que pensamos, sentimos, nos comunicamos y nos relacionamos de diversa manera. Es decir, aquí puede estar la respuesta de muchas de las situaciones que te planteaba antes.

Seguro que recuerdas un programa de televisión con el que crecimos una gran generación que ahora nos encontramos entre los cuarenta y cinco y cincuenta y cinco años, *Érase una vez el hombre,* y su hermano, *Érase una vez la Tierra.* ¿Recuerdas a Pedro y Pablo, *Los picapiedra*?

Esos hombres de la época de las cavernas eran los encargados de cazar y proteger a la comunidad en la que vivían de posibles depredadores. Las mujeres se dedicaban a la crianza de los hijos y a la recolección. De ahí que los cerebros se fueran especializando según las tareas que tenían que desarrollar. Evolucionaron de manera diferente y esto puede dar respuesta a por qué en el caso de los hombres se focalizan en una tarea y centran su atención en ello, mientras que las mujeres tienen la capacidad de hacer muchas cosas a la vez y más recursos para detectar y gestionar las emociones.

¿Cómo se refleja esto en nuestro día a día? Tu pareja llega a casa y se pone a leer el periódico, por ejemplo, es capaz de desconectar del mundo y de centrarse solo en lo que tiene delante de sus ojos. O puede estar arreglando la bicicleta para salir ese fin de semana de ruta, o buscar las entradas para un espectáculo al que queréis ir hace tiempo. Pero no le pidas nada más. Por lo menos durante ese rato en el que está concentrado en un objetivo. Sin embargo, tú eres capaz de estar realizando una presentación a la vez que llamas al médico para pedir una cita y te acuerdas que tienes que comprar yogures para casa. ¿Te suena? Seguro que eres capaz de relatar muchos más ejemplos.

Hoy por hoy todavía hay muchas respuestas encontradas, porque más allá de la parte fisiológica del cerebro y de su funcionalidad, existe una herencia adquirida en cuanto a comportamientos, creencias, educación, experiencias vividas, cambios en el estilo de vida, que influyen directamente en esta posible semejanza y/o diferencia.

A pesar de las hipótesis y teorías que existen, sí que podemos afirmar que si viéramos y observáramos un cerebro masculino y otro femenino, descubriríamos las principales diferencias. Diferencias que a mí me resultaron esclarecedoras para entender ciertos comportamientos, aunque esto no nos debe valer de pretexto, ya que hombres y mujeres somos capaces de entrenar y modificar nuestros comportamientos y no quedarnos con la excusa de siempre de «yo soy así».

Cerebros distintos

Las diferencias más importantes entre el cerebro femenino y masculino son:

1. La memoria

La parte del cerebro donde se afinca la memoria es de mayor tamaño en las mujeres. Mientras que la zona relacionada con la alerta es mayor en el caso de los hombres, como consecuencia de su función de defensa contra el enemigo y los animales, heredado de la época de las cavernas.

Con esto posiblemente entiendas por qué tú, mujer, eres capaz de recordar todas las fechas de cumpleaños de la familia, sabes exactamente en qué hotel pasasteis las vacaciones hace dos veranos, y ya no digamos cuando algo te produce dolor emocional, porque se te quedará grabado a fuego. Ya la posibilidad de perdonar y de pasar página va ligada a los valores, y esto se merece otro libro.

2. Planificación y resolución de problemas

Más grande también en el caso de las mujeres es el área que tiene que ver con la planificación, la toma de decisiones y la solución de problemas. En el día a día se transforma en la pregunta que nos hacen muchas veces nuestras parejas:

—¿Para qué llevas tantas cosas en el bolso?

Este se convierte en un auténtico botiquín de primeros auxilios, y no digamos si nuestros hijos son más pequeños, que entre esas asas somos capaces de llevar dos tipos de merienda para ellos, por si viene algún amigo hambriento, paracetamol, por si de repente surge la fiebre, y un jersey, porque a media tarde parece que refresca, entre otras previsiones. Si no, que se lo pregunten a mis cervicales.

Planificar y prepararnos para lo que puede pasar es una de nuestras virtudes. Bendita moda XXL.

3. Área del lenguaje

Más desarrollada está igualmente el área del lenguaje. Por eso, ante una pregunta, pocas veces contestamos con un monosílabo, sino que somos capaces de retraernos al siglo pasado para contar una mera anécdota. Es decir, ante una pregunta inocente de ¿qué le ha dicho el médico a tu padre?, tú, mujer, no la resuelves con un simple «tiene que hacerse una analítica y una placa», sino que recordarás a quien te quiera escuchar dónde empezaron los síntomas, el tiempo que lleva pachucho, las distintas medicaciones que le han recetado, con un poco de suerte no te remontarás a cuando el padre de tu padre sufrió lo mismo, para acabar dándote el dato por el que le has preguntado.

Si esta misma pregunta se la hacen a tu marido, irá directamente al grano, en el mejor de los casos, o simplemente contestará:

—Nada sin importancia.

Lo mismo ocurre con la pregunta que realizamos, por educación, todas las mañanas: «¿Cómo has dormido?». Si se la haces a tu marido, será un simple, bien, mal o regular. Pero tú le añadirás esos condimentos que son necesarios y útiles para matizar ese bien, mal o regular.

4. La empatía

De la época prehistórica también hemos desarrollado esa capacidad que tenemos las mujeres de manera innata para entender y procesar las emociones, y, por lo tanto, para desarrollar una mayor empatía. De forma natural fuimos creando esas habilidades que eran esenciales para el cuidado y desarrollo de nuestros hijos, mientras ellos se encontraban cazando o defendiéndose del enemigo.

5. La multitarea

La mujer tiene la capacidad de involucrar su atención en varios asuntos al mismo tiempo. Lo que conocemos como multitarea, habilidad que no siempre es una ventaja y que está relacionada con esa capacidad que tiene el cerebro femenino de emplear ambos hemisferios complementariamente. Mientras que el cerebro masculino tiende a la especialización, dedicando determinados recursos para cada tarea.

Ahora bien, ¿cómo se reflejan estas diferencias y las posibles herencias de nuestros ancestros en la vida diaria? En cómo hombres y mujeres hemos desarrollado la vista. Cuidar la cueva y a los hijos hizo que las mujeres desarrolláramos una visión más periférica que el hombre, que necesitaba enfocar la vista para ver al depredador antes de ser atacado. En concreto, las mujeres tenemos un cuarenta y cinco por ciento más de visión por cada lado y por debajo y encima de la nariz que el hombre.

Esta función de cazadores y de cuidar la tribu ante posibles depredadores llevó a los hombres a perfeccionar la capacidad de la orientación y a alcanzar cualquier blanco en movimiento. Los ojos del hombre son más grandes y su cerebro lo ha configurado para una visión más tipo túnel, por lo que puede visualizar lo que está frente a él. Mientras que nosotras, que controlábamos los alrededores de la cueva, percibíamos cualquier señal de peligro y teníamos una gran capacidad para orientarnos en las distancias cortas.

También tiene su reflejo hasta en la fisionomía del ojo, que en el caso de las mujeres tiene más superficie blanca que los hombres, ya que como la comunicación personal es una parte esencial en las relaciones femeninas, reciben y envían más señales oculares y pueden distinguir con más precisión la dirección de la mirada.

Ahora puedes entender por qué cuando los chicos abren el frigorífico de la casa siempre aparece la pregunta: «¿Dónde están los yogures?», «¿Has visto el jamón de pavo?» o «No encuentro mi jersey en el armario». ¿A que te suena? Resuelta la duda: las mujeres no tenemos rayos X en los ojos ni una capacidad sobrenatural, simplemente hemos entrenado la vista de distinta manera que los hombres. Mientras ellos, si no se lo proponen, solo son capaces de ver los yogures si están en primera línea del frigo, a poder ser en la balda que está a la altura de sus ojos.

Pero, querida, no te desesperes, que todo en esta vida se puede entrenar. Y es tan simple como controlar a esa mujer resuelve todo que llevamos dentro que, aunque esté en la otra punta de la casa, es capaz de dejar lo que está haciendo por ir a por esos yogures que no encuentran.

Regla de oro

Respira y no muevas los pies del suelo mientras dices con total seguridad:

—Sí, cariño, están en el frigo, los dejé allí esta mañana. Te aseguro que los encuentran.

Si seguimos fijándonos en la vista, el ojo es una extensión del cerebro situado fuera del cráneo. La retina contiene ciento treinta millones de células fotoprotectoras que detectan el blanco y el negro y siete millones encargadas de revelar el resto de colores. Es el cromosoma X el que suministra estas células, y como es la mujer la que tiene dos cromosomas X, poseen más variedad de células cónicas que los hombres. Esto explica por qué nosotras distinguimos colores como el buganvilla, el berenjena, podemos hablar de turquesa, azul añil, azul petróleo..., y es posible que si le pedimos a nuestra pareja que traiga el pantalón verde grisáceo, nos traiga uno más próximo al marrón.

Como todo en esta vida, hay excepciones. No intento trasladar una idea única y simplista, sino encontrar el punto de humor en esas diferencias que nos provocan ciertos desencuentros y que no hacen más que complicarnos la existencia. Pero ¿estas son solo las más significativas si nos centramos en el cerebro? No, hay otras íntimamente ligadas y que seguro que cuando las conozcas te abrirán nuevas posibilidades.

Los cerebros se especializaron según nuestras necesidades ancestrales. Si ahora los peligros ante los que estamos son otros, nada mejor que poner en práctica el poder de adaptación.

2
ENTRE LA TESTOSTERONA Y LA OXITOCINA ANDA EL JUEGO

Isabel llega agotada a casa. Ha sido un día de no parar. Se levanta a diario a las seis y cuarto para que esté todo organizado cuando se despierten los niños, sale pitando casi sin desayunar, los deja en el colegio, y corriendo a la oficina, a la que, en el mejor de los casos, y sin mucho atasco, llega a las ocho y pico. Llamadas a clientes, reuniones de trabajo, ese informe que tiene pendiente para la próxima convención, el ordenador que hoy ha decidido ponerse en huelga... Y para más inri, hay un nuevo compañero en el departamento al que tiene que ir incorporando en el equipo y enseñándole su funcionamiento. Mientras tanto, llamada de su madre recordándole que debe pasar por la farmacia a recoger la medicación de su padre.

La cosa no se queda ahí, ha de organizar la fiesta de cumpleaños de su hija pequeña, y terminar las maletas para el fin de semana, que se van de casa rural con varias parejas de amigos. Cuando se quiere dar cuenta, son las siete y media de la tarde y se teme que va a ser otro día en el que no va a poder ir al gimnasio. ¡Con lo bien que le sienta poder soltar algo de estrés! Pero como siempre, se deja para el último lugar; vuelve a ocurrir una vez más: enfadada como una mona, baja al garaje, coge el coche y piensa: «Espero que mis queridos hijos se hayan duchado, recogido la habitación y, con un poco de suerte, se dispongan a poner la mesa».

Pero casi nunca los deseos son órdenes: llega a casa, pasando antes por la farmacia, sube a sus padres la medicación, que casi se la lanza desde el ascensor porque no tiene tiempo ni para entrar, y se encuentra a los niños discutiendo por quién va a ser el primero en ducharse, quién va a poner la mesa, y encima le recuerdan que para mañana necesitan una camiseta verde para la fiesta del colegio. «No habrán tenido tiempo suficiente, que me lo tienen que decir la noche de antes». ¡No puede más! Necesita verbalizar todo lo que le ha pasado durante la jornada. Necesita desahogarse. Compartir el estrés de día que ha llevado. Así que en cuanto llega su marido, casi sin dejarle que guarde las llaves, comienza a verbalizar todo lo que siente, piensa, y sus numerosas promesas que quiere poner en práctica a partir de hoy.

Pero Pedro llega agotado. Los números siguen sin salir, los jefes están cada día presionándolos más y tiene a toda la oficina desmotivada. No sabe cuánto tiempo va a aguantar así. Y como si de un zombi se tratara, mientras Isabel le cuenta el día tan horroroso que ha llevado, y escucha de fondo a sus hijos discutir una vez más, se dirige a su habitación, se cambia de ropa y va directo al sofá a sentarse dos minutos mientras oye un ruido de fondo, sin saber muy bien lo que le está contando Isabel. Necesita cinco minutos, solo cinco, de desconexión. ¡Ojalá tuviera la posibilidad de desconectar el cable que te conecta con la vida durante unos minutos!

Isabel, una vez más, se siente frustrada. Él no le está prestando atención, parece que le da igual cómo se siente y lo angustiada que está. Ahí está él, frente al televisor, viendo las noticias, con la mirada fija, sin atender mucho lo que está ocurriendo y sin escuchar a su agobiada mujer.

«Yo creo que Pedro solo piensa en él y en sus problemas», «No le importa cómo me siento, no me entiende, y la vez que decide mostrar algo de apoyo, es para decirme lo que tengo que hacer, como si él tuviera la solución a todos mis problemas», «Menos mal que este fin de semana veré a mis amigas, y les podré contar cómo me siento. Ellas me entenderán».

Una escena que es más habitual de lo que nos gustaría. Tú llegas estresada a casa con todas las ganas de compartir el día tan terrible que has tenido. Él decide desconectar durante un rato sentado en el sofá con la atención en ningún sitio. Tu diálogo interno comienza a crear esa película en la que sientes que no le importas lo suficiente, que no valora todo lo que haces para que la familia siga adelante, mientras tu pareja es capaz de no hacer, no pensar y no hablar. Y lo que es más importante para ti: no escucharte.

Como muy bien indica el nombre de este capítulo, la respuesta está en la bioquímica, en las hormonas, que marcan la mayor diferencia a la hora de enfrentarte al estrés, entre otras situaciones. Antes de seguir, y para que puedas entenderlo mejor, haré un breve resumen de las hormonas y bioquímicos que más afectan en el día a día de pareja y explicaré cómo se liberan en el organismo.

Testosterona	Es la hormona sexual masculina. En el hombre, su producción se realiza principalmente por los testículos, mientras que en las mujeres, pequeñas cantidades son producidas por los ovarios y la glándula suprarrenal. Desempeña un papel clave en la salud y en el desarrollo del hombre a lo largo de su vida, y es la responsable de que ellos tengan mayor cantidad de vello, una voz más gruesa, más masa muscular, mayor estatura…
Oxitocina	Conocida como la hormona del amor, es necesaria para las mujeres durante el parto, crucial para que se genere la leche de la lactancia y para que se cree ese vínculo con el bebé que le permite la supervivencia. Aflora al alcanzar el clímax sexual y refuerza la relación de pareja. Está involucrada en el comportamiento social y de relaciones positivas con los demás.

Estrógenos	Son unas hormonas que, aunque presentes en el cuerpo en pequeñas cantidades, tienen un papel importante en el mantenimiento de la salud. Son esenciales para el desarrollo de las funciones y características sexuales en las mujeres durante la adolescencia, lo que incluye la menstruación y el ciclo reproductivo. Ayudan a desarrollar y a mantener el sistema reproductivo de la mujer y sus diferentes características femeninas. Contribuyen a una buena salud ósea, cognitiva y otros procesos corporales esenciales.
Serotonina	Es un neurotransmisor y algunos también la consideran una hormona. Se le conoce como la hormona de la felicidad porque juega un papel muy importante en el estado de ánimo, el apetito y la digestión. Es, además, precursora de la melatonina, que ayuda a regular los ciclos de sueño-vigilia y el reloj biológico. El cerebro solo genera el cinco por ciento, el noventa y cinco por ciento restante se genera en el intestino delgado, y nos lleva hacia un estado de calma y armonía, e inhibe el comportamiento agresivo, así como facilita el comportamiento social.

Cortisol	Conocida como la hormona del estrés, desempeña una función esencial en la respuesta de lucha o huida. Aunque tiene una imagen muy negativa, el organismo lo genera de manera natural nada más levantarnos y desciende cuando vamos a conciliar el sueño. Mantener un nivel alto de cortisol durante todo el día tiene enormes consecuencias en el estado de ánimo y hace que se incremente el nivel de azúcar en sangre, aumente la presión arterial y se debilite el sistema inmunológico.
Dopamina	Actúa cuando sentimos placer y es la responsable de la búsqueda de recompensas. Esta pequeña molécula, sintetizada en las neuronas, pertenece al grupo llamado catecolaminas. Tiene cometidos tan importantes como los sistemas de recompensa, las funciones motoras y el control de las hormonas, sobre todo en la hipófisis. Se relaciona inversamente con el estrés, ya que disminuye cuando el cortisol está muy elevado.

Él calla mientras ella habla: dos maneras de afrontar el estrés

Sin duda hay hormonas más beneficiosas que otras, pero cada una de ellas tiene su función y son necesarias, siempre que estén en sus valores adecuados, que haya un equilibrio.

Para nuestros antepasados, el cortisol suponía la supervivencia porque era lo que les daba el impulso para sobrevivir, huyendo o luchando. En el momento en el que desaparecía el peligro, los valores volvían a su sitio. Ahora mismo, en el que los niveles de estrés son más altos y duran más en el tiempo, nuestra salud y relaciones se ven perjudicadas.

Si bien la testosterona o la oxitocina se encuentran tanto en hombres como en mujeres, aunque en proporciones diferentes, estas están directamente implicadas en cómo reaccionamos frente al estrés. O cómo repercute el cortisol en las mismas y, por ende, en nuestra relación de pareja.

- — La oxitocina se libera en situaciones que implican seguridad, cooperación, cuidado a otros o apoyo.
- — La testosterona se libera en situaciones de emergencia que requieren una respuesta rápida o cuando se resuelven problemas.

Cuando un hombre está sometido a situaciones de mucho estrés, se reduce el nivel de testosterona, y en el caso de las mujeres, de oxitocina y los estrógenos. Por lo tanto, para volver a la tranquilidad y a la calma, ambos necesitan aumentar el nivel del químico afectado. ¿Cómo lo hace cada uno de ellos? Te podrás imaginar al hombre descansando en el sofá porque es capaz de mirar la tele o ver el móvil sin tener que realizar ningún esfuerzo para reponer su nivel de testosterona, mientras que la mujer necesita hablar de cómo le ha ido el día, porque la parte emocional de su cerebro reacciona con más intensidad ante episodios de estrés. Es decir, hablando de lo que le ocurre podrá aumentar la oxitocina.

Aunque la testosterona es una hormona masculina y la oxitocina es femenina, ambos sexos poseen ambas. Es más, hay muchos hombres que reconocen que después de la paternidad sus niveles de oxitocina han aumentado y en los tiempos actuales, donde la mujer cada vez tiene puestos de mayor responsabilidad, han visto incrementar sus niveles de testosterona, lo que implica a su vez que su oxitocina haya disminuido.

Si volvemos al caso de Isabel y Pedro, y en respuesta a su comportamiento diferente frente al estrés, podemos ver y nos permite entender por qué tenemos reacciones distintas según la presencia de estas hormonas en el organismo.

Recuerda que Isabel solo quería compartir y verbalizar lo que le estaba ocurriendo, además de un reconocimiento por parte de su pareja, mientras que Pedro necesitaba desconectar, no hacer nada durante unos minutos.

Varios estudios demuestran que en una situación medianamente estresante para una mujer la parte emocional de su cerebro recibe ocho veces más riego sanguíneo que la de un hombre. Así que, cuando una mujer se enfrenta a una circunstancia que considera que puede ser una amenaza, recurre a la memoria emocional para anticiparse a los posibles peligros que relaciona con los vividos anteriormente, con lo que liberará cortisol para hacer frente al nuevo desafío.

Esto nos lleva a una escena muy cotidiana, en la que ante lo que para una mujer puede suponer un problema, su mecanismo de defensa hará que se adelante a lo que puede pasar, y lo que recibirá de su compañero en ese momento será un comentario para él sin ninguna maldad, pero que a ella le hará sentirse incomprendida:

—Te estás preocupando por nada.

Y es que en el hombre solo se producirá una fuerte reacción emocional si surge una emergencia.

Cuando en la parte emocional del cerebro fluye más sangre de la habitual, comenzamos a liberar serotonina, la hormona de la felicidad. Pero como no siempre sucede de manera automática, las mujeres, al hablar de nuestros problemas, conseguimos liberar este químico, cosa que no hacen ni entienden ellos.

Además, para producir serotonina, el cuerpo necesita un aporte de azúcar, por lo que por mucho que hablemos las mujeres de nuestros problemas, si no tenemos equilibrado el nivel de azúcar, poco podremos tranquilizarnos.

Teniendo todo esto en cuenta, podemos afirmar que para una mujer, al final de un día estresante, hablar y compartir cómo se siente hará que aumenten la oxitocina y serotonina, pero si no tiene el nivel adecuado de azúcar, el cerebro no recibirá la energía suficiente para generar la serotonina, con lo que se agotará y se estresará.

El hombre, en un día de estrés, se aislará durante un tiempo mientras carga su testosterona y dopamina, lo que hará que aumente su placer, concentración y motivación. Si como en el caso de las mujeres el azúcar es bajo, no recuperará los niveles de testosterona y de dopamina, con lo que seguirá aislado. ¿Cómo podrá compensar su nivel de dopamina? Leyendo, meditando, haciendo un rompecabezas…, todo aquello que le permita estar concentrado en algo.

Regla de oro

Identifica tu nivel de estrés y el de tu pareja para reconocer si está en «momento cueva», aislado del mundo cargando su testosterona, mientras tú estás en «momento social».

Ambas cosas en ese primer momento son incompatibles y no detectarlas a tiempo puede ocasionaros discusiones que solo os producirán desgaste en la relación.

Si hubieran sabido todo esto Isabel y Pedro, posiblemente se hubiesen evitado muchos de los roces diarios. Ellos, como vosotros, tendréis que comenzar a comprender en qué momento os encontráis y provocado por qué. Cread vuestros propios recursos para poder llegar al equilibrio hormonal respetando y aceptando el momento del otro. Y tendréis que trabajar para gestionar el estrés mucho antes de que las consecuencias sean nefastas en la convivencia. Pero de todas estas claves hablaremos en las próximas páginas.

¡Ah! Y no te extrañará si te digo cómo recargó su oxitocina Isabel ese fin de semana con otras parejas, en el que todas las amigas pudieron desahogarse, compartiendo su día a día, sintiéndose escuchadas e identificadas. ¡No hay nada mejor que una quedada con amigas!

Y unos años más tarde...

A esta descompensación de los químicos producida por el estrés, y que tanto afecta al estado de ánimo y a la relación de pareja, con el paso de los años se van añadiendo más cambios que provocan la incomprensión, la irascibilidad, el vaivén emocional, la apatía.

Si no, que se lo digan a Macarena y a Luis. Macarena está en ese momento vital al que por un lado no quiere renunciar porque siente que se está quitando muchas cargas vitales, que goza de mayor autoestima, profesionalmente se encuentra en un momento óptimo, sabe lo que quiere y no quiere en su vida, y por otro y por momentos parece que vuelve a su adolescencia cuando empieza a sentir ciertas reacciones en su físico y en su estado de ánimo que le llevan a vivir en una montaña rusa emocional.

Luis, mientras tanto, sigue con su vida de siempre. Hay etapas con mayor estrés, otras con menor, pero a lo largo de este tiempo ha ido aprendiendo a gestionar estas situaciones. Desde hace un par de años dedica parte de su ocio a hacer deporte y se ve mejor físicamente que cuando tenía treinta.

Pero hay muchos días en los que inicia una discusión con Macarena sin saber muy bien por qué, que les lleva a colgarse el teléfono por enésima vez y en la que empieza a detectar que comienza a abrirse una pequeña grieta entre los dos.

Macarena va a cumplir cincuenta años. Una cifra redonda, como ella misma dice, que durante los últimos años ve cómo esas cenas a base de un yogur y poco más no tienen los efectos que hace unos cuantos en los que, pasando un poco de hambre durante un mes, conseguía meterse en los pantalones que tanto le gustaban.

Reconoce que tiene una vida plena, con seguridad económica y laboral. Sus hijos están en la universidad y cada día son más independientes. Sus padres y hermanos se encuentran bien de salud, pero no sabe por qué hay días en los que se levanta con poco ánimo, poca energía y de mal humor.

Es precisamente esos días en los que al salir de la ducha se mira una y otra vez al espejo y se dice a sí misma: «Qué gorda estoy», y aunque cree que lo dice en voz baja, no siempre es así. Y Luis, que la escucha, decide no hacer ningún comentario porque sabe de sobra dónde va a derivar esa conversación. Pero Macarena, que lo sabe pero no lo puede evitar, le hace la pregunta del millón:

—¿A qué he engordado? Hoy llamo a la endocrina sí o sí.

Esa cuestión que parece inocente lleva la carga del veneno más letal porque, responda lo que responda Luis, él ya sabe que no acertará. Si le dice: «Si no te encuentras bien, ve al endocrino», va a suponer el berrinche por parte de Macarena: «¿Ves? Es que estoy gorda. Ya lo sabía yo». Si le dice que para él está estupenda, malo también. Porque se va a sentir incomprendida: «Como casi ni me miras...», rumiará en voz baja. De mejor o peor manera, es capaz Luis de salir de casa, casi indemne, y da gracias a Dios por tener ese viaje que le llevará a estar tres días fuera.

Macarena ha empezado mal el día y tardará más de la cuenta en arreglarse porque no se verá favorecida con nada. Entra en un bucle autodestructivo en el que todos los mensajes autosaboteadores, que en otro momento vital se hubieran extendido a lo largo del año, es capaz de decírselos en tan solo unos minutos. De tal forma que se ha levantado con mal pie y no tiene pinta de ser mejor en las próximas horas.

Después de varios minutos frente al armario y el espejo, decide ponerse algo cómodo y que disimule esos michelines que han crecido como si de gremlins se trataran en las últimas doce horas.

Si de camino al trabajo se le ocurre a su madre llamarla por teléfono para darle un recado, es la peor decisión que pudo tomar. Porque como si volviera a la adolescencia compartirá con ella lo mal que se encuentra, la necesidad de ponerse a dieta, la discusión que ha tenido con Luis a primera hora porque no se siente comprendida, a lo que su madre, con el mayor amor posible le dirá:

—Pero, hija, si estás estupenda. Yo sí que tengo que adelgazar, pero ¿para qué? Una vez muertos, todos iguales.

Y este comentario inocente y lleno de cariño por parte de su progenitora no hará más que empeorar las cosas:

—Pareces la madre de la Pantoja. Siempre me ves bien. Como eres mi madre...

En mayor o menor medida, hay momentos en la vida en los que empezamos a sentir esa inestabilidad emocional. Nos irritamos más de lo normal, nos cuesta conciliar el sueño, nos encontramos más cansadas. Hay días en los que sentimos una enorme tristeza y no sabemos muy bien por qué. Y todo es consecuencia de ese cambio que comienza a producirse en nosotras llamado premenopausia para llegar de pleno a la misma, unos años después. Una época que puede darse a partir de los cuarenta y cinco años hasta llegar a la menopausia de lleno. Y en la que son habituales:

— Sofocos, el síntoma más frecuente, que si estás pasando por ello, reconocerás fácilmente como una fuerza de calor inagotable que te lleva a una mayor sudoración y a despertarte por la noche empapada.
— Cambios de estado de ánimo.
— Aumento de peso.
— Fatiga. Nos cansamos antes y con mayor intensidad.

— Confusión mental. Parece que esa memoria privilegiada que teníamos años atrás ha ido desapareciendo.
— Disminución de la libido. En muchos casos se consideran sobrevaloradas las relaciones sexuales.
— Migrañas o dolores de cabeza.
— Insomnio. Ya somos incapaces de dormir la noche del tirón. Ahora que ya no tenemos niños pequeños, que no existen las toses nocturnas ni las vomitonas espontáneas, ahora justo ahora, nos despertamos varias veces y no conciliamos el sueño de la misma manera.
— Desajustes en la menstruación hasta que desaparece por completo.
— Son más probables las enfermedades cardiovasculares.

Estos síntomas son producto de un desequilibrio y una deficiencia hormonal. Comenzamos una época en la que los desajustes hormonales son normales hasta que llegan a estar en unos niveles bajos pero estables, cuando alcanzamos esa menopausia.

Las tres hormonas sexuales, como la progesterona, los estrógenos y la testosterona, tienen un desequilibrio en el que durante la premenopausia van oscilando de un día para otro. Teniendo esto en cuenta, si baja el nivel de estrógenos —relacionados con la excitación— y de la testosterona —relacionada con el deseo— se verá directamente afectado la libido y todo ello influirá en tu relación de pareja. De esto hablaremos más adelante.

Además, los estrógenos han sido nuestra garantía estos años, con lo que durante esta época y con el descenso de sus niveles es más probable que puedan aparecer enfermedades cardiovasculares, como un infarto o un ictus, para convertirse la primera de ellas en la principal causa de mortalidad.

En esta etapa en la que vivimos en una noria emocional y en la que vemos cómo se producen diferentes cambios en el físico, será más necesario que nunca sentirnos queridas, deseadas y reconocidas. Pero siendo honestas, no se lo pondremos fácil a nuestras parejas.

Mientras tanto, Luis no se salvará de su declive, pero en el caso de los hombres de manera más gradual. No se ha estigmatizado tanto como con las mujeres, y aunque ellos no se librarán de ese desequilibrio en los químicos, no tendrán un efecto tan fuerte y directo. Es ahora cuando ellos requieren tiempo y más espacios para recuperarse porque, como te podrás imaginar, también producirán menos testosterona y necesitarán más que nunca sentirse exitosos y valorados.

Todo en esta vida tiene solución

Esta fusión lo que provoca es un auténtico tsunami que tenéis que aprender a gestionar. Para ello es importante que destaquemos estas claves:

— Ver esta etapa desde otra perspectiva, como un momento de mayor libertad, seguridad.
— Ser ahora, incluso más que antes, un equipo. Debéis hablar y compartir los sentimientos, emociones y preocupaciones. Desarrollando una mayor empatía con tu pareja. Es con ella con la que compartes los momentos cruciales, de mayor intimidad, con la que sigues superando etapas, qué mejor que desarrollar la comunicación donde no entren los juicios ni los consejos, sino en la que simplemente os escuchéis.
— Cread y mantened buenos hábitos en la alimentación y en el deporte. Os ayudará a generar también esas endorfinas que ahora más que nunca se necesitan. Y si este cambio de hábitos lo podéis hacer de forma conjunta, seguro que tendrá un mejor resultado. Dirás, «pero si no he hecho nunca deporte, ¿qué voy a hacer ahora?». Comienza por lo más fácil, no es necesario apuntarse a clases conjuntas ni contratar un entrenador personal. Quizás tener una rutina en la que caminéis unos kilómetros al día, evitéis coger el coche o el autobús y metro, subáis las escaleras andando..., puede ser una actividad física más que necesaria.

Nos guste o no, hombres y mujeres seguimos siendo y reaccionando de manera distinta. Ser conscientes de estas diferencias permite entendernos mejor.

II

El arte de discutir sin pelear

Si bien hemos comenzado destacando las diferencias más importantes que existen entre hombres y mujeres, no significa que estas deban convertirse en una justificación.

La educación y la cultura tienen un peso muy importante, de la misma manera que los años han provocado un nuevo estilo de vida y de vivir las relaciones personales. Ahora bien, no siempre tenemos toda la información ni las herramientas que necesitamos para convivir de forma placentera, aceptando que hay diferencias que pueden ser salvables si tenemos la intención de ello, y teniendo en cuenta que podemos ver la esencia de las parejas desde un nuevo prisma.

A lo largo de estas próximas páginas hablaremos de lo que es una relación sana y equilibrada, de cómo podéis mejorar vuestras relaciones sexuales, de lo importante que es escucharos y tener una comunicación asertiva, de qué modo necesitáis cada uno tener vuestros propios espacios, de cómo aprender a poner límites y pedir lo que necesitáis. Sin olvidarnos de aquellas parejas que, tras toda una vida juntos, comienzan a vivir en una auténtica batalla campal, porque la nueva convivencia se produce a raíz de la jubilación.

En estas páginas encontrarás ejemplos de otras parejas con las que es posible que te identifiques y con herramientas que desearás poner en práctica. Pero no todas las relaciones pueden continuar en el tiempo. Qué mejor que aprender a aceptarlo y despedirnos si no hay otra manera de continuar.

3
LAS SEIS CLAVES DE UNA RELACIÓN DE PAREJA EN EQUILIBRIO

A estas alturas sabes que las parejas perfectas no existen, y probablemente no pretendas que la tuya lo sea. Tras la convivencia, y después de la confianza que te otorgan los años, sientes que las discusiones que se producen en vuestra relación son normales. Yo también. Pero en lo que todos coincidimos es que si mantenemos una pareja después de muchos años, con sus etapas mejores o peores, es porque nos compensa. Hay quien pensará que está más acomodado que otra cosa. Quizás si es tu caso, esa comodidad es parte de esa compensación. Y cuando eso ocurre, no te planteas si quieres o no continuar con tu relación porque, como hemos dicho antes, las parejas no son perfectas y las reglas y los pactos establecidos entre los miembros pueden ser infinitos, y están bien, siempre que ambas partes estén de acuerdo.

No olvides que estás con tu pareja porque te aporta algo que para ti es necesario y tú también lo haces respecto a la otra persona. No se trata de buscar que cubra tus carencias, pues entonces estaríamos hablando de una relación abocada al fracaso, sino que esa persona con la que llevas tantos años compartiendo tus días buenos y malos te complemente. Por eso en ocasiones nos sorprendemos cuando vemos a dos personas que, aun siendo tan diferentes, puedan llevar una vida en común tan fabulosa. Y también nos sorprendemos cuando una pareja de amigos, que llevaba toda una vida juntos, deciden tomar caminos separados. ¿Pero qué ha pasado, si nunca han discutido, si se los veía estupendamente juntos?

Eso mismo les pasó a Carlos y Mar. Se conocieron estudiando en la Facultad de Derecho. Desde el primer momento se produjo una gran atracción: Carlos esperaba después de terminar sus clases para ver si coincidía con Mar en la biblioteca, y a Mar le latía el corazón a mil cada vez que lo veía. A medida que se conocían, se daban cuenta de lo mucho que se complementaban.

Carlos era un chico muy sensato que analizaba las cosas varias veces antes de tomar una decisión. Mar era más impulsiva. De una familia con padres separados, no creía tanto en la eternidad del amor, en cambio Carlos, cuyos padres llevaban juntos toda la vida y se conocían desde niños, tenía una imagen idealizada de la familia, uno de sus principales valores.

Así que con estas diferencias se complementaban perfectamente: Carlos le proporcionaba esa seguridad a Mar que desde niña le faltó y esa ilusión por formar una familia. Y Mar le proporcionaba a Carlos esa espontaneidad que tanto le faltaba, con lo que para él cualquier cosa podía pasar a su lado y eso llegó a fascinarlo una vez que se acostumbró, porque lo que le importaba era estar con ella.

Empezaron a salir mientras terminaban sus estudios y enseguida hicieron planes de futuro. No tardaron en encontrar trabajo, lo que significó un importante paso para la relación. Carlos fue contratado por el despacho de su padre, y poco a poco se fue curtiendo y especializando, y Mar comenzó a trabajar en el departamento jurídico de una empresa.

Este camino no fue fácil para ninguno de los dos. Durante muchos años siguieron formándose para poder crear la estabilidad que siempre quisieron. Parecía que lo tenían todo programado, y que sus planes se iban cumpliendo tal y como deseaban.

Se casaron y tuvieron familia numerosa, dos niños y una niña. Mar decidió que ya que Carlos se encargaba del despacho de la familia, lo mejor sería pedir una reducción de jornada para poder estar más tiempo con los pequeños. Esta idea la aplaudió Carlos, porque le producía más tranquilidad que Mar pudiera estar más tiempo en casa.

Durante esos años fueron muchas las ofertas que le llegaron a Mar, pero lo tenía claro: hasta que los niños no crecieran, prefería mutilar su carrera profesional que tener un buen puesto que le impidiera estar más tiempo con sus hijos. Para ella suponía romper con ese temor que tuvo desde pequeña, cuando sus padres, y tras su separación, tuvieron que volcarse en el trabajo y pasar poco tiempo con ella. Además, era hija única, con lo que recuerda esas tardes volviendo del colegio y preparándose la merienda ella sola, hasta que llegaba su madre. Esa vivencia no quería que la tuvieran sus hijos. Al igual que decidió tener los tres niños en tan solo cinco años, ya que quería que sus hijos pudieran jugar juntos desde bien pequeños.

Por una parte, estaba su valor fundamental, que era la familia, valor que compartía con Carlos, y por otro lado, en ella seguía existiendo esa necesidad de improvisar, de hacer cosas diferentes, algo que con tres niños tan pequeños era casi imposible.

Pasaban los años y el amor seguía estando, pero Mar fue necesitando la presencia de Carlos mucho más. Ella no podía con todo: niños, trabajo, organizar una familia numerosa... Y Carlos cada día viajaba mucho más por temas laborales. Esto no hacía otra cosa que después de una semana en la que había estado de una ciudad a otra, Carlos quisiera pasar un fin de semana de sofá y manta. Y Mar necesitaba todo lo contrario. Quería vida social, quedar con amigos, ir a un teatro, compartir con otras personas algo más que la receta de una papilla. Necesitaba subirse a unos tacones no solo para ir a la oficina. Dejar a los niños un par de días con los abuelos para poder hacer una escapadita sorpresa... Los niños iban creciendo y cada vez la necesitaban menos. Pero Carlos no quería moverse del sofá.

Ahí empezaron las discusiones. Mar se sentía incomprendida y muchas veces se arrepentía de la decisión que tomó en su momento, y pensaba que quizás lo más inteligente hubiera sido seguir con su carrera profesional. Pero no era capaz de verbalizarlo con Carlos, porque suponía tener una discusión mayor. Al fin y al cabo, había sido su decisión, nadie la había obligado. Pero en este momento más que nunca necesitaba sentirse viva, y últimamente estaba más muerta que de parranda.

Cuando quedaba con alguna amiga se desahogaba, y compartía con ella lo distantes que estaban, cómo se había visto perjudicada hasta su vida sexual y cómo cada vez eran más frecuentes las discusiones.

Tenía la esperanza de que Carlos, algún día, se diera cuenta, y empezara a llevar una vida más social, fuera del despacho. Pero las circunstancias laborales no hacían más que complicar la vida marital de Carlos y Mar, donde el amor se fue poco a poco apagando, en la que Mar no obtenía lo que necesitaba de su pareja y donde sus relaciones sexuales brillaban por su ausencia.

Y es que la pareja va cambiando a medida que pasan los años y los protagonistas también. Hay ocasiones en las que parece que vivimos en dos etapas diferentes, donde cada uno necesita una cosa distinta. Donde se siente que no se recibe de la pareja de la misma manera.

El problema de Mar, más allá de querer tener una vida más social, es que necesitaba esa compañía, esa escucha y esa comprensión que en este momento no estaba obteniendo de Carlos. Y no era capaz de verbalizar sus necesidades, solo esperaba que él algún día se diera cuenta. Y Carlos, como todos nosotros, no tiene por qué saber lo que necesita Mar. Quizás no tenga ni el tiempo de sentarse a observar cómo está su mujer, así que van sobreviviendo al día a día, sorteando los imprevistos y convirtiendo a este matrimonio en una relación aburrida.

Pero hay más. Esta falta de equilibrio en la pareja, en la que posiblemente Carlos también necesitara más empatía por parte de ella, con el tiempo se trasladó a una ausencia de intimidad sexual, que es la base de cualquier relación de pareja, y que la distingue de una de amistad o de cariño.

Y Mar, que se sentía tan sola e incomprendida, se desahogaba con su mejor amiga sin ser consciente de que estaba compartiendo una parte de su intimidad con una persona ajena a esa relación en lugar de hacerlo con el otro protagonista de la misma.

NO HAY FÓRMULAS MÁGICAS, PERO SÍ ASPECTOS A TENER EN CUENTA

No sé si en alguna ocasión, hablando con una pareja que lleven años de convivencia y a la que se la ve feliz y compenetrada, le has preguntado cuál es el secreto para seguir así de enamorados durante tanto tiempo. Para mí la admiración, el sentido del humor, la confianza y el respeto son claves. Pero no son lo suficiente para definir una relación como exitosa.

Cuando hablamos de las bases de una buena relación, podemos resumirlas en seis, las cuales podemos analizar cada uno cuando sentimos que la nuestra está a punto de naufragar.

E incluso utilizarlas para mirar las experiencias del pasado que fracasaron para intuir cuál fue la razón real.

Matilde Pastor, *coach* y experta en relaciones personales destaca:

1. El amor

Sí, parece que es absurdo hablar de amor cuando se da por sentado que existe en una relación de pareja, pero no siempre se cumple. Ese amor que sientes al principio como un pellizco en el estómago, que te acelera el corazón, que te mantiene con una sonrisa en la cara y te hace brillar los ojos. Ese que te hace ver solo lo bonito de la otra persona, en la que parece que no existen los defectos. Ese amor puede y debe permanecer a lo largo de los años, porque es la energía que se intercambia entre los dos protagonistas de la pareja. Sin AMOR, no hay pareja, puede haber otro tipo de relación: amistad, cariño... Mantenerlo implica trabajo por ambas partes, seguir apostando e invirtiendo para que nunca se apague esa llama. Crecer individualmente a la vez que crece la relación.

2. Respetar la individualidad del otro

Es decir, respetar sus diferencias. Ya hemos hablado en los anteriores capítulos de las diferencias que existen entre nosotros no solo por tener dos sexos distintos en el caso de relaciones heterosexuales, sino por nuestra propia individualidad. Respetar a tu pareja tal y como es hace que la relación perdure en el tiempo de manera sana y equilibrada. Y yo diría más, respetar y aceptar esa diferencia, porque si no entramos en una dinámica de querer e intentar cambiar al otro tal y como nos gustaría que fuera. Y ahí, estamos rompiendo este segundo pilar.

3. El equilibrio

En toda relación damos al otro y necesitamos recibir eso que nos complementa. Y es importante que distingamos este concepto, de complementarnos, con el deseo que en muchas parejas ocurre de que nos den para cubrir nuestras carencias. Estas que vienen desde nuestra familia de origen solo podemos dárnoslas nosotros mismos. Y esta es la base para huir de relaciones de dependencia y tóxicas en las que aparece esa ansiedad por hacer lo que sea para no perder a la pareja. En la que nos olvidamos de quiénes somos o en la que creamos las bases según la necesidad que debo cubrir yo o la otra persona.

Saber en qué te complementa tu pareja y qué necesitas que te dé te permite tomar conciencia y poder pedirlo. Porque, ojo, ni tú ni la persona con la que compartes tu vida tiene de momento la capacidad de leer la mente. Pedirlo supone también aceptar un no por respuesta, o negociar para llegar a un consenso.

4. El sexo

A través del cual se crea un vínculo entre vosotros. Establecer las bases de la relación sexual en las que ambas partes tenéis que estar de acuerdo significa convertiros en una pareja con una sana relación sexual.

5. La intimidad

Es curioso que la necesidad de compartir, de verbalizar cómo nos sentimos, en muchas ocasiones nos lleva a traspasar el límite de la intimidad. Compartir con otros cómo funciona o no nuestra pareja, qué problemas insalvables hay, solo hace alejarnos más el uno del otro. Haciendo caso a esa frase de «la ropa sucia se lava en casa», todo lo que ocurre en la pareja debe ser solucionado en la misma y solo por los protagonistas.

Es verdad que en el día a día necesitamos verbalizar y compartir lo que nos ocurre. Y lo podemos hacer hablando de nosotros, de nuestras preocupaciones..., pero no de los problemas de pareja. Esto hay que hacerlo con la otra parte implicada. Y, por supuesto, qué decir tiene que mucho menos aquellos que tenemos hijos, compartir nuestra intimidad con ellos. A los que les dejamos con una carga pesada que no saben ni tienen por qué resolver.

6. La comunicación

La base que resuelve cualquier grieta que se da en los anteriores pilares. Sin comunicación no puede haber pareja, ni puede haber crecimiento ni resolución de conflictos. Hablar de cómo os sentís, de lo que esperáis, de lo que os ha molestado o emocionado, de vuestros miedos, de lo que debéis resolver, hará que mantengáis una relación sana y en equilibrio.

Una toma de conciencia

Así que volviendo a Carlos y a Mar, te puedes imaginar qué bases se han roto en esa relación: el equilibrio, el sexo y la comunicación, para empezar a hablar.

El equilibrio, porque Mar no está recibiendo lo que necesita de su marido y, posiblemente, Carlos, si lo piensa, tampoco está recibiendo esa empatía por parte de Mar. Con lo que esa relación se ve poco a poco deteriorada y en la que el sexo pasa a un segundo plano. Porque, además, estamos acostumbrados a utilizarlo de dos maneras maléficas: como reconciliación tras los conflictos —que puede convertirse en muy explosivo pero poco resolutivo— y como castigo cuando no obtenemos de nuestra pareja lo que queremos, cuando nos sentimos incomprendidos y poco queridos.

Y, por último, y más importante, y con lo que se resolvería posiblemente todo: la comunicación. Si Carlos y Mar, en su día a día caótico y fermentado en el enfado y los reproches, fueran capaces de sentarse y hablar, tal vez parte de sus conflictos quedarían resueltos *ipso facto* y en otros casos cabría una negociación. Pero no, ellos y, sobre todo, Mar, prefiere quedarse rumiando una y otra vez ese malestar interno que tiene. Prefiere hablarlo con una amiga en lugar de hacerlo con su marido, y esto no hace otra cosa que aumentar las discusiones en casa, que los niños vean el ambiente que existe en esa familia y del que tanto ha huido Mar, y que, en consecuencia, el AMOR se vaya apagando poco a poco. Con lo que Mar entra en una rueda muy peligrosa en la que prefiere ver cada uno de los defectos de Carlos en lugar de recordar aquello que le enamoró. El contacto físico va desapareciendo y esas miradas brillantes están más opacas que nunca. Y te preguntarás, ¿esto tiene solución? Quizás te veas reflejado. ¿Cómo hago para salir de aquí? Sigue leyendo.

Más allá de la admiración, del sentido del humor y de la honestidad, ámate y ámale, comunícate con tu pareja y busca el equilibrio en ella.

4
Hablemos de sexo

No sé si te acordarás del famoso programa de los años noventa presentado por la doctora Elena Ochoa y titulado *Hablemos de sexo*. Programa que triunfó a partes iguales que escandalizó. Y es que hablar de sexo sigue siendo un tema tabú en muchos entornos a la vez que es el recurrente en varias de las reuniones de amigos en las que el título podría ser «Hablemos de la ausencia de sexo».

Y no sé si te pasará a ti o no, pero esta conversación la suele iniciar el hombre, como chascarrillo, en la que la mujer con poca gracia aguanta el chaparrón y en ocasiones se defiende considerando que «el sexo está sobrevalorado».

Sea lo que fuere, a decir verdad, es que la ausencia del mismo o la insatisfacción suelen ser uno de los motivos de muchas discusiones y, posteriormente, de muchas rupturas. O eso creemos, cuando esto solo sería la punta del iceberg de una relación desconectada por otras causas que acaba desembocando en la ausencia de pasión y de relaciones. En ocasiones, puede entrar un tercer protagonista, y es en ese momento cuando aparece la tan popular excusa:

—Ya no siento lo mismo por ti.

Vimos en los primeros capítulos cómo el cerebro, del hombre y de la mujer, se ha ido especializando en distintas tareas que, unido a la educación y a la cultura, ha creado nuestras diferencias. Y también en lo que se refiere al sexo. Porque hay un patrón ancestral en el que al hombre se le asignaba el papel de deseante y a la mujer el de deseada. Con lo cual el hombre no encaja y le bloquea no ser el deseante, a la par que puede provocar en él una gran presión por las expectativas, y a la mujer solo se le permite ser la deseada, porque nunca le dieron la oportunidad de ser la deseante. Es decir: uno da y otra recibe.

Y relacionado con esta construcción social, que damos por válida, en la que ha habido una educación diferenciada entre hombres y mujeres, para un hombre decir que no quiere mantener relaciones sexuales es una afrenta, ya que carga con ese rol de deseante, que en ocasiones hace que ante su autoexigencia y con el deseo de cumplir con esas etiquetas, lo que obtenga es lo contrario: una ausencia de deseo.

Si no hubiera esa contaminación en cuanto al entorno, etiquetas y creencias formadas en relación con el sexo y el papel que desempeña cada género, se podría decir que hombres y mujeres somos más iguales. Viendo que el sexo es uno de los pilares de una relación de pareja estable, la diferencia respecto a otras relaciones es un tema de conversación frecuente y que a mí particularmente me encanta seguir aprendiendo, qué mejor que dedicarle un capítulo y poder comenzar a romper tabús a la par que falsos mitos, que no han hecho otra cosa que abrir una gran brecha con el sexo opuesto y, además, individualmente con cada uno de nosotros.

La curiosidad no siempre mata al gato

Una de mis fortalezas es la curiosidad, lo que me ha llevado a tener esa inquietud por saber más y cuestionar lo que un día aprendí. Esto me ha llevado también en los últimos años a asistir a eventos y charlas relacionadas con la sexualidad, y relatada igualmente desde el punto de vista de la ginecología. Toda esta información me ha permitido no solo conocerme más, sino entender muchos interrogantes y falsas creencias con las que llevamos conviviendo desde la infancia. Poder ver el sexo y la sexualidad desde otro punto de vista, lo que me lleva a una relación no solo más sana con mi pareja, sino libre de muchos prejuicios, producto de la desinformación.

Y digo sexo y sexualidad porque hay que englobarlo todo. Como dice Ana Sierra, psicóloga y sexóloga, la sexualidad va más allá de la genitalidad, del acto más físico, porque implica emociones, relaciones, género, orientación sexual, el placer, el contacto y cómo lo vivimos. Es inherente al ser humano desde que nacemos hasta que morimos. Pero esto no nos lo ha aclarado nadie, así que cuando hablamos de sexo o ausencia del mismo, cuando entre las parejas llega el momento de echarse en cara y culpabilizar a la otra parte de que ya no mantienen relaciones, solo nos quedamos con el aspecto más fisiológico. Y más allá de lo que se ve, hay aspectos más internos e íntimos que debemos tener en cuenta y que afectan directamente a las relaciones sexuales.

Podéis estar uno de los dos atravesando por una etapa de cambio, puede llevarte el día a día a adoptar roles como el de cuidadora, que te aleja del deseo sexual, pueden surgir cambios físicos por motivo de la menopausia, por ejemplo, que no son atendidos ni cuidados. Puede que te sientas poco escuchada, o apoyada, ante lo cual, el arma que utilizas a modo de castigo o reivindicación es la ausencia de sexo. Puede existir una desconexión, porque nos han enseñado que el sexo lo tenemos que ver como finalista, es decir, con una función meramente física.

¿Te acuerdas de Carlos y Mar, los cuales estaban sufriendo una crisis en la que la ausencia de sexo era una de las consecuencias de la situación que estaban viviendo? Pilar y Yago es otra pareja en la que quizás te veas reflejado. Mientras estuvieron ellos dos solos no hubo casi roces, su vida marital y sexual se puede decir que iba sobre ruedas. Pero fueron pasando los años y Pilar tuvo que sobrellevar lo que supone tener a una madre enferma, dependiente, de la que ocuparse casi a tiempo completo. Hacía solo un año que habían sido padres cuando a su madre le detectaron un comienzo de demencia. Y Pilar, tal y como le habían enseñado y tal y como había visto hacer a su madre con su abuela, organizaba su vida dejando espacios para el cuidado de su hijo y de su madre. Mientras, Yago seguía con sus planes. Su vida no experimentó mucho cambio, continuaba con su mismo horario laboral, jugaba al pádel con unos amigos dos días por semana y el fin de semana siempre había un torneo de por medio.

Pilar cada vez se encontraba más enfadada y agotada, con lo que el deseo y la pasión se fueron poco a poco agotando, sobre todo al ver que era ella la que cargaba con más responsabilidades y la que había prescindido de parte de su vida. Ahora ocupaba el último lugar. Con lo cual eran pocos los encuentros entre ellos, lo que a Yago le suponía un enfado monumental y eran más las veces en las que discutía con Pilar por esta ausencia de relaciones.

Tanto para Mar como para Pilar no sentirse acompañadas y respaldadas suponía negarse a mantener relaciones con sus maridos, a los que veían como sus enemigos. Cada una viviendo su circunstancia particular, pero ambas coincidiendo en no fomentar el deseo y la pasión con una pareja de la que estaban cada vez más alejadas. Y esta ausencia de deseo no lleva a otra cosa que a una ausencia de sexo —en el amplio sentido de la palabra—, lo que aboca al fracaso a una relación, en la que cada vez es más grande la distancia que existe, no solo desde el punto de vista físico, sino también emocional.

El deseo es una carrera de fondo para la que se entrena a diario

El diálogo, expresar lo que siente cada uno, el buscar momentos para encuentros o simplemente para estar juntos, ese sentimiento de equipo va desapareciendo. Lo que lleva a una distancia en lo referente al sexo más físico. Es lógico, el deseo y la sexualidad deben construirse, y precisamente esto último no se tiene en cuenta. Y cuando algo no se practica y se deconstruye, se enfría.

¿Y qué pasa cuando esto ocurre? Pues bien por vergüenza, por prejuicios, por no considerarlo importante, pocas veces se acude a la ayuda de un profesional. Cuando una pareja decide asistir a terapia, hay que estar dispuesto a ser honesto y a aguantar el dolor que produce ir descubriendo aspectos que pasaban desapercibidos o se desconocían.

Como te anticipaba antes, la ausencia de sexo en una pareja no deja de ser la parte más visible de un problema mucho más profundo. Por ejemplo, en el caso de Pilar y de Mar, el estrés tiene un papel muy considerable. Un elemento que no solo afecta a las mujeres, sino que son muchos hombres los que también pierden ese deseo a causa de uno de los principales males de este siglo. Pero no nos quedemos solo con el estrés como origen principal de la ausencia de libido. Pueden existir otros muchos motivos:

1. El sexo como finalista

Cuando hablamos de relaciones sexuales, se piensa solo en la parte más física, en el coito, con lo que esto, unido a toda la educación que nos han inculcado en torno a la sexualidad, provoca el efecto contrario. Y como te he indicado al principio del capítulo, sexo y sexualidad es mucho más que el acto en sí. Es decir, comencemos a huir de ese patrón construido, porque si no trabajamos el deseo, iremos directamente al puro acto físico, simplemente porque «toca». El deseo, entonces, solo va asociado a la creencia de «solo me toca cuando quiere cama». Y puede haber amor con el humor, con las caricias, con un beso, con un mensaje de wasap, con una mirada...

2. Un problema mucho más profundo

Tanto individual como en lo relacionado con el rol que desempeña cada uno en la pareja. Es más, terapeutas como Ana, en las consultas, lo primero que prohíben es «mantener sexo, porque debe empezar por ella misma, si la que asiste es la mujer, o por él mismo, cuando lo solicita el hombre. Investigar qué está pasando, qué vida lleva, cómo se siente, qué es realmente lo que le apetece y desea. Y siempre cuando se produce esta grieta en la pareja hay una falta de comunicación».

3. La edad

En muchos casos es un recurrente para justificar lo que ocurre en la intimidad de las parejas. Seguro que más de una vez has escuchado a personas mayores que ya no mantienen relaciones, y lo justifican precisamente por la edad. Cuando la vida sexual dura toda la vida, teniendo en cuenta que existe la menopausia en las mujeres y la andropausia en los hombres.

La palabra deseo ha aparecido varias veces, pero ¿cómo construimos algo que desconocemos? ¿Cómo podemos hablar de sexualidad, más allá del acto físico, si no sabemos cómo construirlo?

Mindfulsex®

Desde la consciencia, empezando por uno mismo y más tarde por la consciencia de pareja. Es lo que Ana Sierra ha registrado con el nombre de *mindfulsex®,* que se puede resumir en:

- Ser conscientes no solo en el sexo, sino en la sexualidad.
- Escucharte a ti, dejar de controlar, tener la atención plena en los sentimientos, en las sensaciones, en los estímulos, en lo que está ocurriendo.
- Ampliar la red neuronal para ampliar el deseo y el de las conexiones neuronales relacionadas con la erótica.

— Descubrir los puntos erógenos, porque aunque parezca mentira, los estudios demuestran que hombres y mujeres no son capaces de detectarlos, más allá de los obvios, como los genitales, la cara interna de los muslos, las orejas, el cuello, los labios... Y hay infinitos. Si practicas el *mindfulsex*® serás capaz de descubrir contigo y con tu pareja qué puntos erógenos tenéis.
— Cambiar la interpretación del sexo como finalista. Podréis entrenar el deseo con un abrazo de verdad, con una caricia, con un beso como el que os dabais al comienzo de la relación. Volver a sentir, pequeños gestos que hacen que la piel se erice. ¿Cómo era vuestra relación al comienzo y qué cosas habéis dejado de hacer? ¡Retomarlas!

Pero aplicar todo esto implica:

— Tumbar ciertas creencias que habéis adoptado como verdades, igual que muchos prejuicios. Las mujeres también podemos ser deseantes y el hombre debe vaciar la presión que le proporciona su rol en relación al sexo.
— La comunicación, una vez más, es la base para que una pareja funcione, y en el terreno sexual también.
— En ocasiones, una ausencia de sexo tiene el origen en razones que pasamos por alto. ¿Cómo está siendo tu día a día? ¿Qué situación de estrés estás viviendo?

¿Cómo es la corresponsabilidad en tu pareja?

- La sexualidad es mucho más que el acto sexual. Trabajar el deseo como si echaras la vista atrás al comienzo de la relación aumenta la pasión y también es hacer el amor.
- Es importante conoceros individualmente y deteneros en saber qué es lo que os gusta o lo que os produce deseo y placer.
- Comienza a desarrollar tu deseo contigo practicando la autocaricia. Disfrutando de tus propios labios generas dopamina y oxitocina. Acariciando el cuerpo desde la cabeza a los pies puedes despertar las terminaciones nerviosas del placer o descubrir lo que no te gusta.

¿Quieres saber cómo resolvieron Pilar y Yago su situación de pareja? ¿Y Carlos y Mar? En ambos casos coinciden en una falta de comunicación. Porque cuando la hay, se basa en los reproches, pero no en explicar al otro cómo se sienten. Esta ausencia en la comunicación muchas veces aparece porque confiamos y creemos que la otra persona que tanto me conoce y que me ve emocionalmente tan mal, y con el peso que llevo encima, debe tener la iniciativa para cambiar mi malestar. Debe ser adivino no solo a la hora de descubrir cómo me encuentro, sino también qué es lo que necesito.

Mar, cuando veía que el vaso se rebosaba, solo era capaz de hablar desde su enfado echando en cara aquello que Carlos no quería darle, considerándolo un egoísta. Para Pilar, Yago la había abandonado. Se dedicaba a llevar su vida sin darse cuenta de todo a lo que ella renunciaba. En Pilar había más dolor y decepción que enfado.

Dar nombre a lo que sientes te ayuda a poder verbalizarlo. Tener esa conversación de manera asertiva, sin echar en cara el comportamiento de tu pareja, sino exponiendo cómo estás en este preciso momento puede ser el inicio a una escucha y a un cambio. Muy distinto que si lo haces desde esa emoción, que lo único que te lleva es a vomitar aquello que no te gusta de ella, y que va a causar el efecto de ponerse a la defensiva y, posiblemente, no escuchar con atención.

Pautas que pueden ayudar

Así que si es tu caso, tal y como lo hicieron Mar y Pilar:

— Pon nombre a lo que sientes. Define la emoción que te acompaña y observa cómo te hace comportarte.
— Busca un momento relajado en el que estéis los dos, sin presión de tiempo para hablar de manera asertiva de cómo te sientes y de lo que necesitas. Establecer «vuestros momentos» para simplemente hablar, que no es poco, como un hábito más de la pareja.
— Llegad a un acuerdo en el que los dos os sintáis reconfortados, escuchados y atendidos. Y no hace falta que de momento el sexo sea el protagonista.

— Crea espacios con tu pareja para volver a desarrollar ese deseo. Como cuando comenzasteis.

- Un abrazo prolongado, por lo menos de diez segundos, en el que dejáis todas las distracciones fuera.
- Volved a cogeros de la mano, acariciaos mientras estáis sentados en el sofá.
- Miraos a los ojos en silencio. No hacen falta las palabras, simplemente conectad.
- Besaos como cuando empezabais a salir, sin prisa, sintiendo y descubriendo sensaciones.
- Atiéndete a ti mismo, tal y como dice Ana Sierra, practicando el *mindfulsex*® primero contigo para poder hacerlo después en pareja.
- Y si nada de lo anterior funciona, acudid a una terapia de pareja, con la disposición de ser honestos y encajar los asuntos que salgan sobre la mesa.

Entrena tu deseo todos los días, con pequeños gestos, olvidándote de las prisas, observándote y observando a tu pareja, rompiendo prejuicios y creencias que te limitan.

5
Romper el cordón umbilical

Cuando me casé vivíamos a las afueras de Madrid. Yo trabajaba por aquel entonces en el centro de la capital, lo que suponía hacer a diario una hora de trayecto en metro. Muchos días aprovechaba para leer y otros me encantaba observar a las personas.

Todas las tardes, cuando volvía a casa, me encontraba con una señora, que tendría más de sesenta años, con su hija de unos treinta. En ocasiones solo iba la madre, y lo que más me llamaba la atención era que muchas veces iba cargada con una bolsa llena de ropa.

Como vivíamos en la misma zona, y ya te he dicho que soy curiosa —para muchos será cotilla y lo acepto—, pregunté a un familiar por qué iba esa madre cargada con esa bolsa. Y me contestó que todas las semanas recogía las sábanas de la hija, las lavaba y, una vez planchadas, las llevaba de nuevo a casa de su vástago. A mí, que llevaba desde los dieciocho años fuera de la de mis padres, eso me dejó estupefacta.

No deja de ser una anécdota, y seguro que había más de cien razones justificadas para que cargara con las sábanas o simplemente lo hacía porque le daba la gana y en su derecho estaba. Pero no deja de hacerme pensar en la cantidad de casos en los que cuesta cortar el cordón umbilical con los padres una vez que has decidido comenzar una nueva etapa en pareja.

Los domingos, y otras celebraciones, en casa de mamá

Si nos detenemos a pensar, unas escenas cotidianas y de lo más típico que suceden una vez que te independizas con tu pareja son esas comidas familiares fijadas en el calendario para los domingos. Al principio puede tener su gracia, una manera de seguir viendo a la familia, ya que el día a día te lo impide. En el mejor de los casos y cuando tú o tu pareja tenéis la familia fuera, solo tenéis obligación con una de las partes. Pero cuando están las familias de ambos en la misma ciudad, bien sea por compromiso, bien porque tu pareja desea cumplir con lo que considera su deber, hay que hacer encaje de bolillos para compartir mesa y mantel con todos.

Como te decía, al principio lo haces con gusto. ¡Como la comida de mamá ninguna!, pero poco a poco se va convirtiendo en un «tener que» del que quieres deshacerte, ¿pero cómo hacerlo sin ofender? Los más atrevidos van poniendo excusas, y van alargando en el tiempo sus costumbres obligadas.

Cuando toca tu familia, quizás no te importe, pero aguantar a la política no siempre es de buen gusto.

Pero hay otras parejas que no se ven capaces o simplemente una de las partes no quiere. Y, claro, los domingos los creó Dios para que descansara el hombre. Y teniendo solo dos días para hacer lo que no puedes entre semana, o para no hacer nada, estas obligaciones se van haciendo bola y ahí comienzan las discusiones:

— Siempre hay que ir a casa de tu madre.
— Van a ir tus hermanos con los niños y no me puedo echar una siesta.
— A la vuelta pillamos un tráfico de narices.
— Me pierdo el partido de fútbol, que juega mi equipo a las cuatro, y en tu casa no se puede ver tranquilo.
— He quedado con unas amigas que no veo desde hace tiempo.
— Estoy agotada de toda la semana y solo quiero descansar.
— Etcétera.

¿Te suena? Sí, unos protestan más que otros, pero bien que os lleváis los táperes para el resto de la semana. Y cuando poco a poco decides ir poniendo distancia, aparece la llamada de la madre o de la suegra —los padres no entran en este juego— para deciros con voz pusilánime:

—Es que ya no os vemos nada.

Y cuando no hay nietos, no hay mayor problema, se queda en una miniqueja, pero cuando hay niños, hablamos de palabras mayores.

Dos son pareja, más son multitud

Hablando de nietos, seguro que tú o alguien cercano a ti ha vivido ese día de dar a luz. Todos los nietos son iguales, pero si es el primero, la cosa se pone seria.

Obviemos ese momento de «dulce espera», en el que con todo el cariño del mundo y pensando en los abuelos decides que vayan pronto al hospital. Y la dulce espera se transforma en doce horas de contracciones lentas, con toda la familia aguardando que llegue el instante de empujar y la criatura, viendo el percal, decide hacerse esperar. Cuando por fin el bebé venga al mundo, cortarán su cordón umbilical, pero el de nuestras madres sigue bien unido. Porque, claro, como primeriza, qué mejor que se venga la tuya a tu casa, para echarte una mano mientras tu pareja acaba deseando echársela al cuello. No olvidemos nunca que lo hacen con la mejor intención, y a ti, recién parida, te viene de perlas. Ahora los padres gozan de un derecho a baja por paternidad, pero si tú naciste hace ya unos años, con tres días era más que suficiente, volvían al trabajo y tú te quedabas sin libro de instrucciones y sola con ese bebé. Con lo que la madre era siempre bien recibida. Desde luego que eso suponía la visita de la suegra, y tú, que estabas hecha un asco, solo querías dormir y no escuchar consejos de cómo hacer las cosas, ni de tu madre ni de la suya.

Con la mejor de sus intenciones te ayudaban con todo, pero marcar los límites era bastante complicado, y siempre que aparecía tu pareja para disfrutar de ese cambio de pañal o del baño, estaba la abuela para indicar cómo y de qué manera tenía que hacerlo, y ese día el padre novato se sentía ninguneado y ya había motivo para empezar a sugerir:

—¿No crees que es momento de que tu madre vuelva a su casa?

Para terminar convirtiéndose en una orden.

Y en ese instante en el que ya tienes suficiente conflicto contigo misma, te las apañas para decir:

—Muchas gracias, pero ya nos podemos quedar solos. —Lo cual supone alguna que otra lagrimilla.

Si esto se quedara aquí, no estaría nada mal, pero esos abuelos quieren seguir viendo a su nieto que crece por semanas, y volvemos a la primera rutina que se generó de comida los domingos en su casa.

Como estas anécdotas podemos contar muchas más, aunque no dejan de ser pequeños capítulos que en la mayoría de los casos se resuelven sin más. Porque para ser honestos, hay que reconocer que dentro de ese egoísmo que vive dentro de cada uno de nosotros como hijos, tener a las madres cerca para que nos echen una mano siempre es bien recibido. Y en muchos casos pasamos de esas palabras de auxilio a imponer una distancia que tampoco es justa.

Otros momentos son las celebraciones de cumpleaños, las Navidades o los veranos. Cierto es que al principio, por eso de mantener el arraigo, queremos seguir celebrando los cumpleaños y las Navidades con la familia. Y lo mismo ocurre con tu pareja. Tampoco quiere renunciar a esas celebraciones con los suyos, con lo que comienza esa organización para que nadie salga perjudicado ni nadie se ofenda.

Nochebuena y Navidad son sagradas. Pero si hay unas fiestas que compartimos con la familia política, las otras festividades queremos hacerlo con la nuestra. Aquí tiene mucho que ver de qué tradición partimos. Para unos las fiestas familiares se ciñen a la Nochebuena y la Navidad, y para otros, hasta el día de Reyes se incluye en lo que se convierte en una obligación. Si las dos partes de la pareja están de acuerdo, con organizarse bien se resuelve la situación. El problema comienza cuando uno de los dos quiere viajar o irse a esquiar en Nochevieja, y el otro no quiere renunciar a pasar esos días con los suyos. Seguro que más de una vez te has encontrado en esta tesitura.

Con los veranos pasa algo semejante. Quién no tiene un lugar de veraneo desde su tierna infancia. Quién no ha pasado su época estival en la playa o en la casa del pueblo. Cuando comienzas a formar tu propia familia, quieres mantener esas tradiciones. Al principio sin hijos, y según están los trabajos hoy en día, puedes conformarte y conformarlos con una semana o unos fines de semana, pero cuando hay niños por medio, sin campamentos donde dejarlos y sus abuelos insisten que como con ellos en ningún sitio, tus vacaciones pasan a ser sus vacaciones.

Si mantienes tus tradiciones, no hay problema. La gravedad aparece cuando una de las partes ve cómo pasar las vacaciones con la familia política se convierte en una costumbre, algo que después de unos años comienza a ahogar. ¿Cómo les dices a tus padres que este verano los niños no se irán con ellos? ¿Cómo gestionas pasar tus vacaciones en un lugar poco apetecible para evitar la bronca con tu pareja?

La ruina de la pareja: querer devolver lo que nos dieron los padres

Hay casos en los que este vínculo con la familia se convierte en un verdadero problema para que la pareja sobreviva sin discusiones, sin crisis y diría yo que hasta sin rupturas. Y aquí entra en juego el vínculo que has creado con tus progenitores, la dependencia con ellos y la manera de ver el mundo.

Las relaciones familiares no son siempre perfectas, y hay muchas en las que ni siquiera hay un trato amigable. Porque somos personas diferentes que venimos de entornos distintos, con una manera de ver la vida en muchos casos opuesta y en la que siempre existe el mito de la pérdida de un hijo cuando comienza una relación.

Aquí hay varios aspectos que antes que nada me gustaría aclarar y espero no escandalizarte, aunque entiendo que pienses de manera contraria. ¿Te acuerdas cuando hablábamos de lo importante que es que una relación de pareja esté en equilibrio? Para ello es esencial que demos y recibamos, de tal modo que tu pareja te complemente y tú hagas lo mismo. Y esta norma es extensible al resto de relaciones, excepto a la que mantenemos con nuestros padres, aunque a la hora de la verdad actuamos de diferente forma y ahí pueden comenzar los problemas.

Siempre existe un sentimiento de deuda con ellos. Consideramos que nos han dado todo lo que han podido y es ahora cuando nosotros, que ya somos adultos e independientes, tenemos que devolverles aquello que nos dieron. Y aquí se produce el primer error.

Regla de oro

No debes devolver a tus padres lo que te dieron.

¿Esto significa que no les atiendas, que no estés pendiente, que no les ayudes si ellos lo necesitan? Claro que no. Significa que no puedes vivir con ese sentimiento de deuda porque esto hará que cuando inicies con tu pareja una vida en común, antepongas la relación de tus padres a la de tu pareja. O en otros casos, que tu relación se vea condicionada por tu deuda hacia tus padres. Y ahí empiezan los conflictos.

Cuando decides comenzar una relación estás creando un vínculo nuevo en el que hay que mirar por y para el crecimiento y la unión de este vínculo. Y hay ocasiones en que tenemos una relación tan de dependencia con nuestros progenitores que dejamos en último lugar a nuestra pareja. Te pondré un ejemplo para que puedas entenderlo y con el que te identifiques.

José y Paula eran una pareja que iniciaba ilusionada su vida en común. A José le encantaba viajar y explorar mundos, conocer otras culturas. Paula también era una mujer muy inquieta y quizás esto fue lo que les unió. Cuando empezaron a salir se pasaban horas y horas hablando de dónde les gustaría viajar, compartían experiencias pasadas y siempre estaban pensando en un nuevo destino.

El padre de Paula, que llevaba varios años enfermo, falleció al poco de consolidarse la relación, y Paula, que era hija única y que estaba muy unida a sus padres, se volcó en su madre. José lo entendió y fue su mayor apoyo. Aunque esto supuso que muchos de los planes que tenían se tuvieron que posponer.

Fueron pasando los meses y más tarde los años, pero Paula sentía que no se podía separar de su madre, no podía soportar la idea de sentir que la abandonaba, con lo que el proyecto de irse a vivir juntos fue dejándose para más adelante, sin fecha en el calendario.

José lo comprendió perfectamente, pero entendía que pasado un tiempo deberían retomar sus ilusiones y sus planes rotos tras ese episodio que tanto marcó a Paula. Para ella lo más importante era estar con su madre, así que estaba dispuesta a dejar su vida social e incluso personal con tal de pasar el mayor tiempo posible con ella. No podía «dejarla abandonada».

Como José vio que la vida continuaba a pesar de todo, preparó con la mayor de las ilusiones un viaje que habían planeado tiempo atrás para sus vacaciones de verano. Parecía que esta vez Paula estaba decidida. Su madre se encontraba bien y, por fin, José se encontraba entusiasmado por poder disfrutar de una escapada los dos solos. Pero días antes de la salida, Paula le confesó que no podía realizar ese viaje. No podía dejar a su madre sola.

Esta vez José, que para él ya había aguantado y soportado durante mucho tiempo ser relegado a un segundo plano por su pareja, estalló. Tenían ya el viaje pagado, llevaba meses preparándolo con la mayor de las ilusiones y en el último momento Paula decidió quedarse en tierra.

José no se quedó con ella. Decidió marcharse y buscó a un amigo que le acompañara en esta aventura. Te puedes imaginar que no fueron los mejores días ni para Paula ni para José. En ambos empezaba a hacerse más grande la grieta creada entre los dos, aunque se afanaban por ponerle diferentes parches.

Tras el viaje, tuvieron una conversación y decidieron dejar la relación. José sentía que Paula había perdido toda la conexión con él. Ella no podía echarle en cara absolutamente nada porque reconocía la enorme paciencia que había tenido. Pero después de todo lo que se sacrificaron sus padres para que estudiara lo que deseaba, los sacrificios que durante años habían hecho por ella, sentía que tenía que devolverle a su madre lo que le dio, sobre todo en este momento en el que se quedaba sola. Aunque esto supusiera que tirara por la borda la relación con la persona a la que más había querido.

Esto mismo que le ocurrió a Paula sucede en muchas parejas en las que una de las partes o ambas conviven con ese sentimiento de deuda hacia sus progenitores. —«Tengo que darles todo lo que puedo, para compensar lo que me dieron ellos»—. Y nuestros padres lo primero que nos dieron fue la vida, nos cuidaron, nos mantuvieron, nos educaron, nos dieron oportunidades, pasaron muchas noches en vela, nos ayudaron… Porque es así cómo funciona la relación con ellos: nos dan y nosotros recibimos. Y cuando somos adultos y comenzamos nuestra propia vida, empezamos a dar nosotros eso que recibimos a nuestros propios hijos o a nuestras parejas o amistades.

En nuestro país, ese cordón umbilical, posiblemente por la cultura e historia, tiene una unión todavía más fuerte. No hay que echar la vista muchos años atrás para ver relaciones de pareja, que eran multitud desde un inicio: los hijos se casaban y en muchos casos se iban a vivir con sus padres, convivencia que duraba hasta que los padres, ahora abuelos, fallecían.

Las vacaciones de verano se reflejaban en películas, en las que en el Seiscientos, además de todas las maletas, cabían los hijos, los abuelos y, si me apuras, hasta el gato. Se convivía con ellos y se tomaba como algo normal porque era lo que se había aprendido de generaciones anteriores, por lo tanto, comenzar a tener una vida independiente, con una nueva forma de organizarse, de exponer sus prioridades, de tomar decisiones, sin necesitar la aprobación de los padres, era misión imposible.

Y la vida en pareja, es eso: pareja = 2, porque lo demás es multitud. E insisto, esto no significa que abandonemos, que no atendamos, que no nos preocupemos de nuestros mayores. Significa llevar nuestra propia vida y ser capaces de disfrutar de los aciertos y de aprender de los errores sin la necesidad de aprobación paternal.

Agradecer para equilibrar la relación familiar

Entonces pensarás, «si este es mi caso, ¿cómo lo resuelvo?»:

- Dando las gracias por aquello que te dieron. No hace falta que este agradecimiento sea público, simplemente que seas consciente de todo lo que recibiste de tus padres y cómo ha influido en la persona que eres hoy.
- Mira hacia tu pareja. Habéis creado un nuevo vínculo, estableced los valores que queréis que estén presentes en vuestras vidas y que sean el foco que dirija vuestra vida en común.
- Decide qué quieres ofrecer a los demás de aquello que recibiste de tus padres. Puede ser a tus propios hijos o a otras personas cercanas a ti. Entender esa relación como una cascada, el agua va descendiendo

por la colina. Si por sentimiento de deuda decidiera devolver esa agua al origen, ¿podría? NO.

- Rompe creencias: «Estar con mi pareja es abandonar a mis padres», «Tener el tiempo libre para nosotros es ser egoístas», «No visitarles todas las semanas es de mal hijo»...
- Rompe con las obligaciones que hacen compensar ese sentimiento de deuda. Las acciones que tengas hacia ellos que nazcan de tu corazón, no de un sentimiento de obligación que se convertirá en aborrecimiento y que te llevará a no disfrutar del momento.
- Aprende a generar con ellos una comunicación asertiva. Y esto es lo más difícil. Como en el fondo aparece un sentimiento de culpa, probamos con poner excusas, exagerar las situaciones, para que tu madre lo entienda. Trayendo alguno de los ejemplos anteriores. Quieres cambiar la costumbre de ir todos los domingos a comer a casa de tus padres. O tras tener a tu bebé, llega un momento en el que tú y tu pareja queréis quedaros solos en casa, aunque estáis más que agradecidos a la ayuda prestada. Simplemente diles: «Mamá, me encanta venir a comer los domingos a tu casa, estamos muy a gusto con vosotros, aunque a partir de ahora, o este domingo, nos quedaremos en casa». Les agradezco y les digo lo positivo de mantener esta tradición pero les expongo la decisión que hemos tomado, o «Mamá, gracias por estar todo este

tiempo con nosotros cuidándonos, pero es momento de que nos quedemos los dos con el niño y vayamos acostumbrándonos. Cuando te necesite sé que puedo contar contigo».

Madre o padre, tus hijos saben que los quieres. Y te van a seguir queriendo igual. Déjales marchar para crear su propia vida. Estate seguro y confía en ellos.

6
HACIENDO JUEGOS MALABARES

Hemos hablado de lo importante que es mantener el equilibrio entre las parejas o, lo que es lo mismo, de complementarse el uno al otro, como una de las claves para una relación duradera. Recuerda que cuando te hablaba de Carlos y Mar enseguida vieron que eran dos personas diferentes en muchos aspectos y era precisamente esa diferencia lo que hacía que se complementaran a la perfección.

Carlos le proporcionaba seguridad, era un chico que lo analizaba todo, con cierta calma. Sin embargo, Mar era un torbellino a la que le encantaba poner su vida patas arriba, improvisar y cambiar los planes previstos. Al principio a Carlos le costaba aceptar y entrar en el mismo juego que Mar. Él era demasiado organizado y a Mar en más de una ocasión le parecía aburrido tener todo tan sumamente planificado, pero poco a poco se fueron adaptando el uno al otro y descubriendo que aquello que era diferente era en realidad lo que los convertía en una pareja con mucha estabilidad.

Si a Carlos le hubiéramos preguntado en qué le complementaba Mar, seguramente hubiera dicho: su espontaneidad, su improvisación, su capacidad de sorprender y sorprenderle y su alegría vital. Y Mar por su parte hubiera dicho: su estabilidad, seguridad, seriedad, su calma...

Esto que le ocurría a Carlos y a Mar no deja de ser una muestra que podemos extrapolar a cualquier relación. Teniendo siempre en cuenta que hay unos valores que deben ser comunes para construir esa pareja, cada uno de nosotros recibimos algo de ellas que no tenemos y lo mismo ocurre al revés.

Y con estas diferencias, semejanzas y complementos comenzamos un camino en el que poco a poco nos vamos adaptando y acoplando. Siempre teniendo en cuenta que con el paso del tiempo aquello que nos enamoró al principio de la relación puede convertirse en una enorme grieta.

Eso es precisamente lo que le ocurrió a Mar y a Carlos. La estabilidad, la tranquilidad y el sosiego se fueron convirtiendo para Mar en un auténtico aburrimiento, y Carlos no podía seguir el ritmo de Mar. Para ella era todavía más complicado, porque convirtió esas virtudes en auténticos defectos, que según el momento vital que estaba viviendo, las emociones y sensaciones que le acompañaban desde hacía un tiempo, hacían su convivencia cada vez más complicada, hasta pensar en más de una ocasión que su relación era insalvable.

Mar tuvo que aprender a organizarse y a programar todo teniendo en cuenta que tenía tres hijos que necesitaban una estabilidad, y durante muchos años estuvo para los demás, en concreto para sus hijos, y esperando la llegada de Carlos a casa. Y en este tiempo se le olvidó lo más importante: que era buscar su propio equilibrio.

Si no somos capaces de darnos a nosotros lo que necesitamos, difícilmente podremos tener relaciones sanas y en equilibrio con el resto. Y convertimos esas necesidades en carencias, que queremos que nos resuelva nuestra pareja u otros, como ocurre en este caso.

Mar, como sucede en muchas parejas, había organizado su vida profesional según su vida personal. Y está bien, porque esa fue su elección. Pero ¿sigue pensando igual? Posiblemente y después de estar varios años compaginando horarios y viajes, con pañales, mocos, organización de menús, actividades extraescolares…, ahora necesite cambiar algo para vivir más en la felicidad que en el enojo. Porque ese enojo no solo lo notaba Carlos, sino que los más conscientes de esta situación eran sus hijos, con los que ya no tenía la misma paciencia, con los que se desahogaba y a los que chillaba más de la cuenta, cuando su energía estaba a punto de agotarse.

Darnos para poder dar a los demás

Cuando hablamos de lo importante que es tener una pareja basada en el equilibrio, no podemos olvidar que lo primero que tenemos que hacer es equilibrarnos a nosotros mismos. Y aceptar que con el paso de los años lo que nos valió entonces posiblemente no valga ahora. Y no pasa nada. Porque todos vamos cambiando individualmente y esto por defecto influye en la manera de relacionarnos con los demás. Pero nos han enseñado tanto a dar sin esperar nada a cambio que hemos creído que esta es nuestra única realidad, cuando está a kilómetros luz de lo que en realidad debe ocurrir.

Mar en este momento necesitaba darse tiempo de desconexión, calma y más actividad —aunque pareciera contradictorio—, relacionarse con personas diferentes, hacer cosas distintas cada día, que era precisamente hacia donde había dirigido su carrera profesional. Se negaba a que su vida fuera como el día de la marmota. Siempre igual, en el que solo distingues los días por las actividades extraescolares. Y estas necesidades que no era capaz de reconocer como suyas, buscaba que las cubriera su pareja o que le acompañara en las mismas. Esperaba que fuera él quien organizara esos cambios en su vida para sentirse satisfecha.

Pero Carlos tenía otras y bastante opuestas. Él no paraba de un lado para otro, estaba durante varios días fuera de casa, y cuando llegaba el fin de semana, solo quería calma. No entendía por qué esa actitud de Mar, que últimamente estaba buscando la confrontación con cualquier excusa. Se estaba cansando de ese ambiente que tan lejos estaba de lo que ellos programaron hacía tiempo. Y esto no llevaba a otra cosa más que a deteriorar a la pareja.

Ahora, trayéndolo a ti, ¿qué necesitas darte y no haces? Las opciones son muchas, puedes querer descanso o todo lo contrario, necesitar un buen autocuidado, amarte, respetarte, unos buenos hábitos, cubrir tu curiosidad y hacer ese curso que siempre te gustó y dejaste para el último momento, necesitar espacio o cierta libertad, estar con gente diferente... Piensa y, de forma sincera, di qué estás haciendo para cubrir esas necesidades.

— Nada.
— Busco que sea mi pareja la que me dé parte de lo que necesito.
— Poco a poco voy buscando cubrir parte de mis necesidades.

Si quieres saber si vives una relación en equilibrio o descubrir qué es lo que te lleva a discutir en casa continuamente, por pequeños detalles que hacen saltar las chispas, lo primero que te invito a hacer es que observes tu relación contigo mismo: ¿qué necesito darme y depende de mí?, ¿qué me estoy dando en realidad? Una vez que seas capaz de darte lo que necesitas, podrás comenzar a crear una relación en equilibrio con otra persona y no desde la carencia.

Cómo ponerlo en práctica

Poco a poco Mar se dio cuenta de que, o se ponía en marcha por ella misma, o no solo esta relación peligraba, sino, y además, que su estabilidad emocional también. Así que un día se levantó y decidió que tenía que cambiar de actitud, que en lo que dependiera de ella, debía producirse un cambio, y más adelante tomar decisiones.

Te diré lo que hizo: cubriendo su necesidad de cambio, de vida activa, de estar con otras personas y de tener más vida social, decidió que como los martes Carlos no iba a trabajar al despacho, sino que lo hacía desde casa, sería su día para realizar los planes que habitualmente no podía hacer con él. Además, como los niños ya eran mayores y no necesitaban que estuviera tan encima de ellos, se apuntó a clases de pádel dos días a la semana a las seis de la tarde, que era justo cuando estaban estudiando en casa y podía escaparse un rato. Esto le ayudaba a despejarse, a hacer algo de deporte y crear endorfinas, lo que mejoró bastante su bienestar.

Nunca se había propuesto asistir a los viajes que organizaban las amigas una vez al año, y después de una discusión con Carlos tras no ir a uno por querer organizar una escapada con él, y Carlos preferir cenar en casa, se juró que nunca diría que no a un plan con amigas. Un fin de semana sin obligaciones, sin oír las discusiones de sus hijos, durmiendo lo que quería, hablando con sus amigas hasta el amanecer, era la mejor vitamina que podía tomar. Además, sabía lo ordenado que era Carlos y lo bien que llevaba toda la organización de la casa, así que confiaba en que también fuera un finde increíble para sus hijos y poder hacer planes con su padre al que no veían tanto.

Estas pequeñas acciones eran su tabla de salvación, a la vez que hacía que en esa relación de pareja no hubiera cuchillos volando por encima de las cabezas, echando en cara en qué se había convertido y poniendo sus sentimientos en el lugar que siempre habían estado. Pensarás: ¿con eso es suficiente? Este es el inicio de construir una relación en equilibrio, comenzando por encontrar el equilibrio con uno mismo.

Mar, al estar ella bien, empezó a mirar con otros ojos a ese Carlos del que se había enamorado. Pero para eso fue también importante hacer un trabajo de equipo, en el que tuvo que observar qué era realmente lo que necesitaba de su marido en este momento vital, y qué le estaba dando. Para lo cual hizo ese trabajo de introspección y enumeró lo que necesitaba de su pareja. Aquellas cosas que le complementaban. Valoró las más importantes y vio cuáles le estaban siendo dadas en ese momento. Después de esto descubrió que necesitaba más escucha y empatía, algo que sentía que Carlos no le entregaba. No era mucho, pero sí suficiente. También necesitaba más su compañía y compartir momentos de ocio.

Ahora Mar se sentía más segura para afrontar la conversación que urgía mantener con su marido. Eligió el momento adecuado, un día que estaban los dos solos y que habían descansado. Le pidió aquello que necesitaba recibir de él. No echándole nada en cara, sino expresándole cómo se sentía. Carlos no se sintió atacado, y, como adoraba a Mar, no pudo hacer oídos sordos a esa petición. Aunque también expuso sus sentimientos y necesidades.

Con toda esta coctelera, buscaron un equilibrio en que los dos se sintieran satisfechos, por lo que decidieron una vez al mes hacer planes con amigos o como pareja, para seguir disfrutando de ellos. Poco a poco Mar podía tener más independencia, valor tan importante para ella, y que tanto le permitía seguir disfrutando de la vida, sin olvidar su compromiso inicial de estar cerca de sus hijos. Pero estos fueron creciendo, fueron tomando sus propios caminos y ella salvó su matrimonio, compartiendo tiempo libre con Carlos. Esto, que se da ante necesidades más profundas, lo puedes ver claramente en situaciones cotidianas y mucho más mundanas. ¿Cuántas veces has llegado reventada a casa, bien por motivos laborales, bien porque has estado toda la tarde de chófer para tus hijos, y cuando entras en la cocina te encuentras sin vaciar el lavavajillas, y de reojo ves cómo tu pareja está felizmente sentado en el sofá, abrazando a los niños que acaban de llegar y sin inmutarse por el hecho de que sin descargar el lavavajillas no se pueden poner los platos sucios que se acumulan en el fregadero? En ese momento la ira provoca ese torrente de fuego en la sangre que es capaz de poner el corazón a mil, tensar las extremidades y gritar —en el mejor de los casos—:

—¿Pero no has visto cómo está la cocina?

Su respuesta completamente serena será:

—No sabía que estaba el lavavajillas limpio.

¿Cuántas veces hay una lavadora que acaba de terminar, y si no eres tú quien tiende, posiblemente fermente la ropa dentro? Eso sí, a las diez de la noche te pedirá su camisa favorita, esa que pensaba ponerse al día siguiente, aunque en el armario haya veinte más, a lo que tú contestarás con cierta sensación de venganza:

—Cariño, está sin secar.

Sí, situaciones mundanas y muy cotidianas que lo que te llevan en primer lugar es a enfadarte, después a considerarte la chica para todo de la casa, para terminar maldiciendo y jurando que «a partir de ahora solo me ocuparé de mis cosas».

¿Y qué haces más allá de protestar? Seguir pensando que lo lógico es que tu pareja se dé cuenta de que hay cosas por hacer y *motu proprio* lo hiciera. Y no me equivoco si te digo que ese juramento que hiciste al estilo de Escarlata O´Hara en *Lo que el viento se llevó,* nunca se cumplirá.

Es muy habitual que este tipo de situaciones las compartamos en los grupos de wasap de amigas, que utilizamos como confesionario curatodo, en esas tardes y noches con un vino en la mano en las que vemos el momento perfecto de compartir nuestras protestas porque ellas siempre nos entienden, pero yo te pregunto: ¿le has pedido alguna vez que lo hiciera? Sé que el orgullo en más de una ocasión nos lleva a sufrirlo en silencio, y cuando llevamos ya muchas quejas acumuladas, decidimos sacar la artillería pesada. Y ahí vale todo. Aprovechamos la ocasión para recordarle lo mal que se portó tal o cual día, el mal gesto que tuvo su madre contigo o lo insoportable que es tu cuñada, ante la que nunca te defiende. Lo sé. Se nos da bien. Pero si algún día, por error, o porque has hablado con alguien que te ha aconsejado pedir lo que necesitas, te dispones a hacerlo ¿qué ocurrió? ¡Que lo hicieron!, ¿verdad? Pero no, tú sigues pensando que es una tarea de la casa, que él como tú debería tener la voluntad de hacerlo cuando fuera necesario sin tener que avisarle del próximo reto, que es tan simple como mover las piernas y comprobar que el cuerpo le sigue.

Te guste o no, tus deseos no se van a cumplir, y se van a convertir en órdenes acompañadas de un mal gesto y un malhumor, que no te mereces, porque a quien más daño le hace es a ti misma, ya que a partir de ese momento se pone en marcha todo el mecanismo de pensamientos autodestructivos en el que te repites una y otra vez lo boba que eres.

Bien, pues si esto que es tan del día a día y que tanto has escuchado y luchado por compartir las tareas hogareñas no se realiza sin previa petición, ¿crees que algo más profundo, más existencial, de lo que posiblemente no tenga idea, va a adivinarlo por arte de magia? Menos todavía. Y en los tiempos que corren, que vamos con la lengua fuera de un lado a otro, que cada día es una aventura para conseguir llegar a casa a salvo, aún menos.

Si no somos capaces de escucharnos a nosotros mismos, ¿cómo pretendemos que estén atentos a lo que nos ocurre?

Olvídate de adivinos

¿Cuál es el siguiente paso? APRENDER A PEDIR, eso que nos cuesta tanto a los seres humanos. Creemos que las personas que nos rodean, por el mero hecho de conocernos, deben adivinar nuestros pensamientos, deseos y necesidades. Pero creo que con el tiempo que llevas conviviendo con tu pareja, familia, amigos y compañeros de trabajo, habrás llegado a la conclusión de que esa ecuación da error:

CONOCERME ≠
CONOCER MIS NECESIDADES + DARME LO QUE NECESITO

¿Y cómo lo hago? ¿Por dónde empiezo? Si me quiere, ¿no debería saber lo que necesito? Comenzaré contestándote a la última pregunta. Puede ser que por el simple hecho de llevar una vida en común debería saberlo, pero eso tampoco implica que te lo dé. En el mejor de los casos, y para que la relación de pareja funcione en equilibrio, como ocurre con tus amigos o compañeros de trabajo, debes crear el hábito de pedir lo que necesitas, porque si no, se pueden dar dos resultados:

- — Que no pidas lo que necesites, y viendo que no te lo da, te enfades con esa persona y no seas capaz de ser honesto. Con lo que el sentimiento de decepción irá en aumento. Crearás una bilis viscosa que soltarás con quien menos se lo merece.
- — O que ante esa necesidad de recibir, seas de las personas que das todo a los demás sin que te lo pidan y de esta manera creas relaciones en desequilibrio. Acostumbras a los demás a recibir y puede llegar un momento en el que se sientan abrumados, porque no te pidieron nada. Y que cuando tú necesites, al no ser

capaz de pedir, el enojo y la decepción aumenten, ya que después de estar tan dispuesto para los demás, confiaste en que en algún momento recibirías de ellos. Pero esto tampoco se cumple, porque les haces creer que puedes con todo y no necesitas nada. ¿Me sigues? Así que el objetivo es:

REGLA DE ORO

Pide a tu pareja aquello que necesites, sin anticipar su respuesta, sin enjuiciar y con la capacidad de negociar, como ocurre en otros ámbitos de la vida. Petición: «Necesito...». Respuesta: «Sí/No/Sí con condiciones».

Darte lo que necesitas no es ser egoísta, es el primer paso para poder tener una relación en equilibrio con tu pareja.

7
Ya no somos dos, sino multitud

El primer año de convivencia ya te dije que suele poner a prueba a todas las parejas. Crear tu propio espacio en común con la persona que más quieres, aprender a aceptar sus costumbres y que convivan en armonía con las tuyas suele convertirse en muchos casos en una pequeña batalla donde ninguno de los dos quiere perder, y se aferra a pensar que tal y como hace las cosas es la mejor manera para ambas partes.

Colocar el rollo de papel higiénico en el baño para fuera o para dentro del dispositivo puede convertirse en cualquier momento en la chispa que inicia la discusión, por no decir las peleas que giran en torno a si es mejor poner la vajilla en el aparador de encima o debajo de la encimera, si resulta más útil guardar los manteles en el cajón del aparador del salón o de la cocina. Si hay que mantener la rutina de cenar de manera informal con una bandeja en la mesa baja del salón mientras se ve la tele o, todo lo contrario, hay que montar la mesa como si fuera la comida de Navidad, son algunos ejemplos tontos, pero que para nosotros representan las batallas que hacen ganar o perder la guerra. Sin tener en cuenta esos pequeños y grandes detalles en la decoración, que en más de una ocasión hacen que salgas de la tienda no solo sin mubles, sino con el juramento de no dar tu brazo a torcer, lo que lleva a hacer el recorrido de vuelta a casa en el más absoluto de los silencios.

Si esto te pareció complicado, nada que ver con la etapa clave en una pareja. Y no es comer los domingos en casa de tu madre o de la suegra, no. O dónde pasar las primeras Navidades. No. Se trata de la llegada de esos ansiados hijos. De esto no te avisaron. Así que cuando proyectas aumentar la familia, y no quedarte a vivir eternamente en pareja, lo difícil no es elegir el momento oportuno, que también, sino es comenzar a convivir con esa nueva personita, a la que posiblemente le sucedan otras, sin que entre los dos se abra una brecha insuperable.

Los hijos, una excusa más para el desencuentro

Pero si te parece, comenzamos por el principio, como les pasó a Marta y Ernesto. Llevaban varios años como pareja y cada vez eran más frecuentes las conversaciones en las que se planteaban aumentar la familia. En su caso no había discusión porque ambos querían tener hijos. Ahora, elegir el momento oportuno comenzó a complicarse. Marta no quería ser madre muy mayor, le parecía que entre los treinta y treinta y cinco años era la edad perfecta, pero Ernesto deseaba disfrutar más de su independencia.

Iba pasando el tiempo y poco a poco los amigos cercanos iban creando sus propias familias. Cuando esto sucede, te quedas con la parte bonita. Vas a ver a tus amigos al hospital, entras en esa habitación en la que huele a Nenuco, ves a tu amiga no tan fastidiada como te imaginabas, y poco a poco te va entrando el gusanillo. Esto mismo les ocurrió a Marta y Ernesto, que tras ver el nacimiento de nuevos miembros de la pandilla se decidieron a dar el paso.

Para ellos no hubo más complicación, tuvieron que esperar algunos meses dentro de lo normal hasta que Marta se quedó embarazada, pero cerca se encontraba una pareja de amigos que no lo tenían tan fácil, y ese deseo se iba convirtiendo en angustia, frustración y miedo. Cada miembro de la pareja lo vive de una manera, y en el caso de sus amigos Aurora y Bruno, ella era quien peor llevaba ver que a pesar de sus intentos no había manera de quedarse embarazada. Decidieron tomar medidas y fueron a ver a un especialista, el cual les dijo que deberían someterse a unas pruebas para ver si existía algún inconveniente.

Bruno se mostraba tranquilo, pero Aurora era un manojo de nervios y por mucho que le dijeran que tenía que estar tranquila y que cuando menos se lo imaginara seguro que se quedaba embarazada, ella solo quería ser mamá. Esta insatisfacción y ese dolor al ver cómo Marta y Ernesto eran capaces de ser papás sin ningún problema no hacía más que angustiar a Aurora, hasta el extremo de que evitaba cualquier contacto con ellos, y poco a poco se fue apagando el contacto. Decidió dejar de ir a ver a sus amigas cuando eran mamás, porque eso implicaba hacer frente a la pregunta:

—¿Y vosotros cuándo os animáis?

O soportar esas caras que ella interpretaba de lástima.

Bruno no sabía cómo ayudarla, quería tranquilizarla y explicarle que había otras maneras de formar una familia, pero ella no era capaz de ver nada. Tan delicada fue la situación que acudió a un experto que le ayudara a gestionar ese momento y a salvar su relación de pareja.

Mientras, Marta cada vez iba poniéndose más gordita y poco a poco compraba todo lo que necesitaría su bebé cuando llegara a casa. El embarazo lo llevaba bien, sin muchas molestias, y se encontraba con bastante energía. Parecía que todo sucedía según las expectativas y solo le quedaba esperar la ansiada llegada.

Marta y Ernesto recuerdan ese día como una auténtica explosión de emociones; por mucho que se lo hubieran imaginado, lo que vivieron era inexplicable. Mirar a ese bebé y ver a su familia y amigos felices, no hacía más que reafirmarles lo maravilloso que era ese instante.

Pero a Marta le ocurrió lo que nos pasa a muchas mujeres, que tras esa imponente luz llegan unos días grises en los que tu reajuste hormonal te juega una mala pasada. Sientes miedo, te sientes incapaz de sacar a tu hijo adelante, te molesta todo el mundo que hay a tu alrededor y que no deja de darte consejos y solo quieres encerrarte a llorar.

Esos días se pasan, en la mayoría de los casos, sin mayor complicación. Pero a partir de ese momento comienza la verdadera aventura, ya no solo como padres, sino como pareja.

Si en ese primer año éramos capaces de discutir por dónde o cómo colocar la vajilla, ¿qué no pasará cuando se trate de encajar nuestra vida familiar con la profesional? ¿Qué pasará cuando se tengan que tomar decisiones sobre esa personita?

Para Marta y Ernesto fue una auténtica prueba, en su caso superada, pero no siempre ocurre así. Marta sentía que sobre ella caía mucho más peso que sobre Ernesto. Te podrás imaginar que quien se planteó reducir su jornada laboral fue ella. Las primeras discusiones vinieron a la hora de decidir si tras la baja maternal el niño debía quedarse al cuidado de los abuelos, ir a una guardería o contratar a una persona. Ernesto pensaba que lo mejor era que se quedara al cuidado de los abuelos, Marta no quería que sobre ellos recayera tanto peso, y, además, se aventuraba a pronosticar que esto podría aumentar las discusiones. Lo preferible era que su hijo se quedara con una persona en casa, que encima podría ayudarles con algunas de las labores. Ernesto y su desconfianza le alejaban de esa idea. Marta no quería que siendo tan pequeño su hijo fuera a una guardería.

MARTA.—No entiendo por qué no quieres que tengamos a una persona en casa. Cuidará del bebé y nos ayudará con la casa.

ERNESTO.—No me fío. Mis amigos han tenido problemas. De un día para otro a Agustín y Martina les dejó tirada la chica. Si fuera una persona que viviera con nosotros, podríamos observarla. Pero no podemos pagar tanto dinero.

MARTA.—Eres un desconfiado. Mis compañeras tienen una chica en casa y están encantadas. Para eso hay agencias que te facilitan la búsqueda. Yo voy a tener que cargarme con más responsabilidades que tú, que llegas tarde a casa.

ERNESTO.—Pues el fin de semana hacemos las cosas. El bebé, como con los abuelos, no va a estar en ningún sitio mejor.

MARTA.—A los abuelos se les puede pedir un favor de vez en cuando, pero no como obligación. Además, ¿les vas a hacer venir pronto para que yo pueda salir a mi hora?

ERNESTO.—O les acercamos el bebé a casa.

MARTA.—Mira, Ernesto, de eso nada. El niño no va a salir en pleno invierno a las siete de la mañana. Y yo ir con la lengua fuera. Tú verás, pero me quedan dos meses de baja y no voy a ceder en esto.

Y así se pasaban los días, discutiendo sobre qué era mejor para el niño y para ellos. El tiempo pasaba y no se ponían de acuerdo y esto generaba en Marta más ansiedad, ya que su cabeza no paraba de adelantarse a todo lo dantesco que podía ocurrir. Se imaginaba el peor de los escenarios y esto le llevaba a sentirse de mal humor, a no disfrutar lo que quería de su pareja y a distanciarse de ella.

En ese momento en el que se producían esas discusiones de manera más habitual, cuando ellos nunca habían tenido tantos roces, Marta comenzó a plantearse si fue buena idea. —«¡Con lo tranquila que estaba!»—. Y cuando el ego de cada uno no era capaz de callarse, empezó a salir toda la porquería que estaba guardada. Detalles que se perdonaron y superaron ahora valían de argumento para decir: esta vez no voy a ceder.

Te recuerdo: Esto acababa de empezar. Porque luego vendrán otras decisiones que tomar respecto al pequeño, porque cada uno tiene su forma de ser y de educar, porque en lugar de facilitarse la vida y la convivencia, estarán más pendientes de sacar el fallo al otro que de disfrutar con su hijo. Llegarán las malas noches, la época en la que deja de comer, los virus…, pequeños granos de arena que se van acumulando hasta hacer rebosar el saco, que si no comienzas a vaciar un día, tarde o temprano explotará.

Pero aparece un obstáculo más, y que no solo les ocurrió a Marta y a Ernesto, y fue que poco a poco, con el ajetreo de la vida, con la sensibilidad a flor de piel, con el cansancio, con esa lucha que se va librando en esa convivencia, se olvidaron de que, además, eran pareja. Con lo que se convierten en cuidadores. Y ya hemos visto en el capítulo «Hablemos de sexo» qué ocurre. Se olvidan de estar y de compartir, de dedicarse tiempo, se olvidan de sus relaciones y se convierten en dos compañeros de piso, más bien competidores, que luchan por quién tiene razón y evalúan y califican lo que hace o deja de hacer la otra parte de la pareja.

Un día Marta, sentada en el sofá, agotada de discutir por cualquier tontería, de afrontar cualquier toma de decisión como una batalla, decidió que era el momento de parar y de regestionar esa situación. Si no, ese sueño que se veía cumplido y con el que eran tan felices en los primeros instantes, podría convertirse en la peor de las pesadillas.

Cuestión de foco y perspectivas

Ha llegado el momento de volver a enfocarse:

- — ¿Para qué decidís formar una familia y tener hijos?
- — ¿Qué valores forman parte de esta relación?
- — Si dejo esta lucha a un lado, si acallo mi ego, ¿qué voy a conseguir?
- — ¿A qué miedos tenéis que hacer frente?
- — Sus opiniones o manera de ver la vida, ¿qué me pueden aportar?

Cread vuestro propio mapa de familia, estableciendo los límites, los valores que queréis que estén presentes. Recordad eso que un día os unió y, si permanece, dejad a un lado todo aquello que os aleja al uno del otro.

Planificad un día, poned distancia de por medio, los abuelos o tíos seguro que están encantados de quedarse con vuestro hijo o hija, y conversad.

Porque es esencial que cada uno hable de cómo se siente, de lo que necesita, de lo que es importante e innegociable, de aquello que podáis aceptar y perdonar, y cómo comenzar a construir esa familia.

Regla de oro

Y lo más importante: no olvides que seguís siendo pareja, además de padres.

Marta y Ernesto lo pusieron en práctica y se dieron cuenta de que formar una familia significaba crear ellos algo por sí mismos. Con sus defectos y con sus virtudes. Si eso les enamoró, ¿por qué iban a desecharlo en este momento? Tenían claro que querían una familia en la que el respeto, la aceptación, la sinceridad, la individualidad, además del sentimiento de equipo, formaran parte de ella. Podían tener cada uno sus costumbres, su educación, pero desde que decidieron unirse crearon un nuevo sistema en el que no todo lo anterior era válido y tampoco inválido. Establecieron un mapa con sus propias normas y acuerdos en los que ninguna parte se sintiera ninguneada e incomprendida.

Así que decidieron arrancar esos miedos, que lo único que hacían era mantener su manera de ver las cosas ante la posible pérdida de sus orígenes y planificar su futuro tal y como querían. Aceptando también sus diferencias y nutriéndose de ellas. En el caso de Marta y Ernesto, como puede ser en el tuyo, ocurre en un contexto que podemos llamar de normalidad: hay salud, trabajo, una economía que te permite vivir cómodamente, unas familias unidas...

CUANDO LA ENFERMEDAD TE VIENE A VISITAR

Pero hay momentos que tiran por tierra todo lo que hemos hablado, y que pueden destrozar una pareja, y es cuando te encuentras ante la enfermedad de un hijo. Ahí el mapa de actuación es distinto porque se une la impotencia, el dolor, el miedo, el afán de sostener a la otra parte y al resto de la familia. Se trata de encajar tu vida familiar y laboral con las estancias en un hospital o con el seguimiento a un hijo que necesita de unos cuidados o atenciones especiales. Y en estos casos no solo te olvidas de tu pareja, sino también de ti mismo. Porque tu objetivo es encontrarte fuerte para poder superar esa situación, a la vez que tienes que manejar un huracán de emociones, no solo tuyo, sino de las personas más cercanas a ti, que en muchos momentos no saben cómo actuar.

Aquí, como todo en la vida, no hay fórmula mágica, pero quizás por lo poco que sé lo que es pasar un tiempo en una UVI de un hospital infantil, te puedo sugerir, si me lo permites, los aprendizajes que me llevé:

— Quítate la capa del superpoder, porque no existe. Lo único que existe es la confianza en los sanitarios. Tu actitud positiva, que no siempre vale, por desgracia, pero te hace los días un poco menos amargos. Tu fe, si eres creyente y puedes acogerte a ella. Tu vulnerabilidad, que tanto cuesta aceptar. Y tu humildad, que viene con ese toque de realidad que te da no solo vivir tu experiencia, sino ser observador de las demás vidas pequeñas y valiosísimas que ahí están.

— Acepta tus emociones y déjalas salir. Guardarlas y aparentar cierta normalidad lo único que hará es generar un gran agujero en tu interior que se hará más grande.
— No adoptes el rol de protector o cuidador de tu pareja. Y esto no significa que no lo cuides y lo mimes. Pero quien mejor te puede entender y compartir tus miedos y desasosiegos es la otra mitad. Comunicaos y hablad de lo que sentís, de lo que esperáis, de lo que os preocupa y angustia. No pienses en el dolor que esto puede generar al otro porque ese corazón está igual de roto que el tuyo.
— Acepta. Cada uno vive el dolor de distinta manera. Lo gestiona de forma diferente. No le juzgues ni le cuestiones. Son sus emociones, su modo de ver y vivir la situación.
— No os olvidéis de vosotros. Porque vuestra atención y energía está centrada en sacar adelante a ese hijo, pero los dos unidos podéis lograr más. No dejéis de abrazaros, de estar en silencio de la mano, de dar un paseo

para despejaros, de tener un pequeño detalle que haga ese día mucho más ameno.

Los hijos no son la solución a los problemas, pero pueden ser el comienzo de los conflictos. Escuchar, hablar, entender y guardar vuestros espacios tal vez sean las tablas de salvación.

8
Crear espacios propios

Una de las cosas que más me han fascinado de mis padres como pareja ha sido su capacidad de tener sus propios espacios para cada uno de ellos. Casados desde hace cuarenta y nueve años, mi padre era el único que trabajaba fuera del hogar. Mi madre siempre estuvo cuidándonos, y para la época que le tocó vivir, fue una mujer que no se quedó solo en su papel de cuidadora y sostenedora emocional de la familia, sino que tuvo sus *hobbies* relacionados con el arte, a los que mientras pudo nunca descuidó: tenía pasión por pintar óleos, y se apuntó a clases de esmaltes cuando éramos niñas y a manualidades. Así que por momentos, y según la etapa, las habitaciones estaban llenas de utensilios y tenían ese olor tan especial que desprende el óleo, los pegamentos, las acuarelas. Te puedo decir que en mi casa, excepto un cuadro, todos los demás están pintados o realizados por mi madre. Y cada vez que terminaba uno, se buscaba un hueco nuevo en la pared.

Ella ha sido y es una relaciones públicas nata, y se le ha dado muy bien el trato con la gente; aunque llegó a Zaragoza recién casada sin conocer a nadie, enseguida hizo su grupo de amigas tanto con otras madres del cole como con otras amistades, con las que quedaba, y lo sigue haciendo para cenar una vez por semana, salir a tomar café, ir al teatro o hacer algunas escapadas, unas veces más fugaces que otras. Lo previsible debido a sus años es que se conformara con ser ama de casa y que su vida social estuviera limitada a la de mi padre. Pero nada más lejos.

Muchas veces nos cuenta cómo ella, nada más casarse, lo primero que hizo fue nombrarse como autorizada en la cuenta del banco que abrió mi padre, para poder ir sin problema a sacar el dinero que necesitaba. Ahora mismo nos echamos las manos a la cabeza, pero en los años setenta era frecuente que la mujer pidiera dinero al marido y este se lo fuera dando. Pero ella tenía muy claro que por ahí no pasaba. De casta le viene al galgo. Así que desde pequeña he visto cómo mis padres compartían muchos momentos juntos, porque les gustaba salir de juerga igual que cumplir con sus compromisos; siempre han estado rodeados de un grupo de personas de lo más diferente y divertido. Si había un sábado que por cualquier razón no salieran, enseguida venía un amigo a casa y en un plis plas estaban organizando un picoteo y se prolongaba la velada unas cuantas horas, con las famosas caipiriñas de mi padre.

Esta forma de vivir la relación, en la que comparten muchos momentos y tienen tiempo para crear sus propios espacios, la siguen manteniendo en la actualidad. Una vez que se jubiló mi padre, cabía esperar, como he visto en otros casos cercanos, que la jubilación supusiera crear un vínculo más cerrado y de dependencia, pero entre ellos eso nunca existió, ahora tampoco. Así que el patrón que sigo viendo en mi casa es el de un matrimonio que convive, hace planes juntos, tiene sus hábitos como pareja, a la par que cada uno goza de su propio espacio. Esto que para mí es normal porque lo he visto desde que soy una niña, no es lo habitual en muchos hogares. Y no tienen que ser personas mayores, pueden ser relaciones de mediana edad, en la que una de las partes prescinde de parte de su vida, o deciden crear una relación en la que todo lo hacen juntos y son incapaces de tener sus propios espacios. Esto a la larga agota, y hay un día en el que te encuentras desvalido, bien porque se acaba la relación, bien porque uno de los dos fallece. No has sabido hacer nada por ti mismo, has estado siempre junto a la otra persona, y debes crear tu nueva vida desde cero.

No hay que llegar a ese extremo, porque hay situaciones en las que simplemente ves cómo nutrir tu vida, según tus necesidades depende de si tu pareja te acompaña o no. Tu mundo se queda reducido a la persona con la que convives, y al círculo que habéis creado entre los dos. Y ese círculo es pequeño.

Nada mejor para cada uno de nosotros que tener nuestra propia independencia. Mucho más allá de la económica, porque si no existe la independencia emocional, de nada sirve la emancipación de la mujer. Y esa independencia se basa en tener tu propia vida más allá de la de pareja. Pero para que esto suceda hay que empezar por el individuo, y el concepto que tiene de vida en común. Para muchos, una muestra de amor es estar continuamente juntos. Pero de ese tiempo que pasas con tu pareja, ¿cuál es de calidad?

El espacio te aporta el oxígeno que necesitas

Recuerdo que hace años conocí a una pareja, cuyos nombres nos desvelaré, que llevaban de relación desde la adolescencia. Como vivían en una localidad pequeña, hacían vida en común y enseguida fueron presentados a ambas familias.

Cuando ella tenía diecinueve años fueron padres, lo que supuso que todos los planes que tenían por delante se vieran truncados. No siguió estudiando, porque se dedicó al cuidado de su hijo, y dos años más tarde nació su niña. Él empezó a trabajar en un negocio familiar porque debía sacar adelante a su joven familia.

Aparentemente iba todo bien. Se casaron antes de que ella diera a luz, porque era impensable que no lo hicieran. Y para su entorno más cercano eran un ejemplo, a pesar de las decisiones que habían tomado de manera precipitada. En el fondo de esa relación, que estaba oculta por la aparente felicidad, se encontraba un compendio de lo que hemos visto en los capítulos anteriores: una vida abandonada por y para el cuidado de unos hijos, un adiós a los planes o sueños que ella tenía, una dedicación 24/7 a los demás, una mujer que llevaba la vida que se esperaba que llevara, pero no la que realmente quería, porque lo peor de todo es que ella no sabía qué vida quería para sí misma. Lo que le tocaba hacer era atender las tareas del hogar, cuidar a sus hijos, llevarles al colegio y a extraescolares, irse los fines de semana a la casa de la playa que estaba a pocos kilómetros, cenar con amigos de la infancia de su marido, y poco más.

Hasta que un día, cuando los niños ya tenían diez y doce años, decidió buscar trabajo. La situación de la empresa familiar no pasaba por su mejor momento, y una mañana que fue a llevar la compra a su madre vio que necesitaban a una persona para el supermercado de al lado de casa de sus padres.

Cuando planteó la situación a su marido, no fue de buen gusto para él, pero reconocía que podía aliviar algo la situación económica. Así que al poco tiempo comenzó a trabajar y allí conoció a un compañero por el que empezó a sentir cosas que hacía años que no sentía. Fue una atracción mutua.

Como era un equipo de empleados muy jóvenes, enseguida comenzaron a hacer quedadas: salían a cenar, se tomaban un aperitivo, después de cerrar quedaban a tomarse una cerveza. Y a ella cada vez le costaba más volver a casa. Poco a poco empezó a sentir más por ese compañero, con el que inició una relación hasta enamorarse perdidamente de él y de su nueva vida.

Nada de esto pasaba desapercibido para su marido, que la notaba cada vez más distinta y distante. Un día explotó todo y decidió ser honesta y pedirle la separación. Pero no solo suponía poner distancia con su pareja, sino también con sus hijos, a los que había dedicado su vida, y que en este momento decidió que se quedaran con su padre, para poder tener su propia vida.

Te podrás imaginar lo que supuso esto no solo para su marido, sino para toda la familia, a la cual le resultó fácil echar la culpa a lo más evidente:

—Si no se hubiera puesto a trabajar…

Pensamiento limitante y machista que en aquella época era muy frecuente.

El trabajo y la persona de la que se enamoró fueron las excusas para destapar sus verdaderos sentimientos, y es que había abandonado todo su futuro por y para los demás. Se había convertido en una cuidadora a tiempo completo durante siete días a la semana. Su día a día se limitaba a su casa, sus hijos y poco más. Es verdad que residía en una localidad pequeña, donde en aquel entonces había pocas posibilidades, y la vida que llevaba la hacían todavía menores. Y cuando descubrió que podía seguir soñando y hacer cosas diferentes, tener amigos con los que quedaba sin la necesidad de que estuviera su marido, cuando vio la vida que tenían sus compañeros, decidió comenzar a tener la suya propia.

¿Esto se podría haber evitado? No podemos adelantarnos a lo que pudo haber sido, pero sí que estarás de acuerdo conmigo en que si hubiera tenido su espacio, hubiese realizado sus sueños o simplemente le hubiera comunicado a su pareja cómo se sentía, la separación, de darse, hubiese sido menos dramática y radical.

Una buena herencia

Si algo tengo presente, y se lo traslado a mis hijos cada día, es que no solo el ser humano se nutre con conocimientos, estudiando, sino, y lo que es más importante, con las personas. Tener amistades de lo más diversas, con circunstancias distintas, te permite ver la vida desde diferentes prismas. Y esto se traduce en un mayor y mejor autoconocimiento y mayor y mejor conocimiento del mundo.

Pero como el sentimiento de pertenencia es importante para nosotros, parece que nos han programado para que una vez que iniciamos una relación, nos limitemos a una vida en común. Y esto nos lleva a prescindir de espacios y de momentos, ya no digo para nosotros mismos, que también, sino para compartir con otras personas más allá de la pareja. ¿Debes tener los mismos *hobbies* que la persona con la que vives? ¿Os queréis más por vivir como auténticos siameses? ¿Es bueno no crear amistades únicas y espacios únicos? Sabes cuál es mi respuesta a cada una de las preguntas, ¿verdad? Y lo peor de todo es que creemos que porque nos vayamos un fin de semana al año con nuestras amigas y ellos con sus amigos, es una muestra indiscutible de crear nuestros propios espacios. Y no deja de ser una trampa.

¡Claro que quiero estar con mi pareja, con la que a diario comparto no más de tres horas, porque las otras siete estamos durmiendo! ¡Claro que me encanta una escapada romántica, una cena o ir al cine juntos! ¡Claro que me gusta poder quedarme un domingo tirada en el sofá, viendo una serie en bucle, hasta casi terminarla! Pero además de todo eso, me encanta poder gozar de mi independencia emocional, la cual pongo en práctica cuando quiero. Tener amistades con las que nunca quedaría con mi marido es buenísimo. Planificar en mi calendario mis formaciones, que me ocupan varios fines de semana y donde conozco a gente estupenda, me da energía. Decidir irme a caminar sola, para simplemente conectar, me libera. Encerrarme en mi despacho, que es mi templo, donde puedo elegir leer, meditar o, simplemente, tumbarme a estar en silencio, me permite conocerme mejor. Cada una de estas cosas es un ejemplo de cómo disfrutar de tus propios espacios, que se convierten en un beneficio no solo para ti, sino también para tu pareja.

Vamos a escucharnos

¿Y cómo empiezas a crear esos espacios? Por la base. Y esto significa comenzar a autoconocerte. Recuerda que cuando hablamos de la base de una pareja sana y en equilibrio, destacamos lo importante que es que tu pareja no cubra tus carencias, sino que te complemente. Tus carencias debes tratarlas tú mismo. Pero hay más. Y también lo lancé en el capítulo de las relaciones con los padres: todas las relaciones, excepto las que mantenemos con nuestros progenitores y con nuestros hijos, se basan en el equilibrio. Por lo tanto, para poder tener una vida satisfactoria, deberemos dar y recibir en estas relaciones de manera equilibrada. Y como tenemos diferentes relaciones, hacen nuestra vida mucho más redonda. No necesito lo mismo de mi pareja que de mi trabajo o de mis amigos, o incluso de mis vecinos. Y en este sentido tengo que saber qué necesito darme a mí y qué necesito del resto de mis relaciones.

Este trabajo debe comenzar por uno, de tal manera que, como ya te he dicho antes, mi relación de pareja se basará en una que me complementa, porque mis necesidades me las cubro yo.

Si te pregunto, ¿qué necesitas darte y qué te estás dando?, ¿sabrías contestarlo? Lo que necesito darme va desde los aspectos más fisiológicos hasta los más espirituales y emocionales. Imagina por un momento que entre lo que necesito darme se encuentran las relaciones sociales. Y esas relaciones sociales implican no solo tiempo con mis amigos, a lo mejor también con compañeros de trabajo con los que tengo un buen trato, o asistir a algún evento de un tema que me interese: una conferencia, una visita organizada a un museo, hacerme con un abono en la ópera. Allí también puedo conocer personas con mis mismas inquietudes, que tal vez distan mucho de los gustos de mi pareja. Puede ser que tenga un gran interés por seguir aprendiendo y decido acudir a cursos que puedan ser interesantes para mí, en lo profesional y también en lo personal…

Imagina que eres una persona muy espiritual y que te gusta aprender a conocerte mejor. Quizás dentro de este autoconocimiento se encuentra ese interés por conectar contigo.

Con lo que decides de vez en cuando tomarte un tiempo, acudir a un retiro de meditación, donde dejas todos los problemas a un lado. Sales fortalecido con más energía e, incluso, con más ganas de estar con tu pareja, porque has llenado esa parcela tan importante para ti.

Si te das cuenta, en estas pequeñas acciones puedes ir creando tus propios espacios donde estableces vínculos interesantes que te enriquecen. ¿Quiere decir esto que no quiero compartir tiempo y momentos con mi pareja? ¡Para nada!, significa que a pesar de quererla mucho, y ella a ti, de tener muchos *hobbies* en común, de pasar mucho tiempo juntos, reservas espacios con la persona más importante, que eres tú. Esos espacios no hacen otra cosa que fortalecerte y permitir que la relación también se fortalezca. Muchas veces no somos conscientes de ello, porque el simple hecho de hacerlo nos da vértigo al pensar, tal y como nos han educado, que puede ser un motivo de discusión, supone no ser la pareja perfecta abnegada por y para tu pareja y familia.

Para una larga vida en pareja, aprende a guardar tus espacios para poder disfrutar más de los que compartís en común..

9
ADIÓS, ESTRÉS

Llevamos varios capítulos presentando diferentes situaciones cotidianas que, sin una gestión adecuada, producen el desgaste de las parejas. En etapas distintas y con circunstancias personales, en cada uno hemos planteado obstáculos que quizás los hayas vivido en primera persona o hayas tenido alguien cercano que te ha expresado ese malestar.

A pesar de que cada uno vive su relación de una manera particular y de la misma forma las discusiones, sí que podemos establecer un punto en común que se repite en cada una de ellas, y este es el mayor mal de nuestro tiempo: el estrés. No me gustaría ponerlo de excusa o verlo como el único responsable, pero sí que es un elemento con el que vivimos en esta sociedad y del que nos han hecho creer que estar ajetreado, realizar múltiples tareas y vivir con la prisa como constante es algo normal.

¿Qué es el estrés? No se trata solo de ir de un lado a otro corriendo, con una agenda repleta de compromisos personales y profesionales. No se trata solo de encajar como bien puedes la vida familiar y laboral de tal manera que te olvidas de ti. El estrés es un conjunto de reacciones físicas que se producen en el cuerpo y que te preparan para la acción. Cuando estos cambios y esta reacción que se produce en ti te permiten adaptarte a la situación, no hay mayor problema. Por ejemplo, cuando nuestros ancestros tenían que salir a cazar, en busca del alimento para toda la tribu, sin duda sentían cómo reaccionaba el cuerpo, se ponían en alerta porque debían estar pendientes del mínimo movimiento para cazar y no ser cazados. ¿Cuál es el problema actual? Que seguimos viviendo como ellos, y ahora ya no tenemos que salir a la selva a cazar, aunque la selva en la que vivimos todos los días no sé yo si es más peligrosa.

El estrés tiene múltiples efectos, tanto a nivel físico como emocional, y esto inevitablemente repercute en la relación que mantienes contigo, con los demás y, por supuesto, con tu pareja. En esta locura diaria, donde hay poco espacio para estar, sobrevives a los días como puedes. Esto te lleva a una ausencia de compartir con la pareja, a la presencia de unas emociones que no te gusta sentir, como el vivir con el enfado, a una apatía, y a olvidarte de la persona con la que convives porque estás en modo de supervivencia.

El estrés provoca un aumento del cortisol en grandes cantidades y de manera prolongada en el cuerpo. Esto tiene un efecto directo, ya que baja los niveles de testosterona y oxitocina, que como ya vimos en el capítulo «Entre la testosterona y la oxitocina anda el juego», recargamos de manera diferente hombres y mujeres. Provoca también una mayor dificultad para conciliar el sueño, un aumento de dolores de cabeza, sensación de cansancio, alteraciones en la alimentación, una respiración entrecortada, dolores musculares, alopecia, dificultades para la concentración, erupciones en la piel, etc.

Las películas han ayudado a normalizar el estrés en nuestro día a día. Cuántas nos trasladan imágenes de personas que se levantan aceleradas, van corriendo a su lugar de trabajo, se pasan la jornada de una reunión a otra que unen a eventos y cenas…, y lo peor de todo, es que lo asociamos al éxito. Nos hacen creer que es la mejor manera que tienen para vivir los protagonistas, una vida cargada y rodeada de lujo. Pero nada más lejos de la realidad. Pocas veces vemos las consecuencias que esto tiene en nosotros, y, es más, cómo el estrés no entiende de clases sociales.

Un ejemplo de cómo la filmografía nos ha normalizado el estrés es en *El diablo se viste de Prada,* ¿la has visto? En ella nos encontramos a una pobre ayudante, interpretada por Anne Hathaway, que trabaja sin parar, solucionando problemas al instante, rodeada de una vida de lujo, en la que quiere hacerse un hueco y con la necesidad de poder ser aceptada y valorada por su jefa, interpretada por Meryl Streep. Vive en un mundo donde la competencia es tremenda, y en una industria en la que para triunfar tienes que aguantar ese nivel de estrés al que está ella sometida.

Decidir a quién dar el poder

Nos guste o no, vivimos en una sociedad donde el estrés nos acompaña porque hemos decidido que lo haga, hemos comprado ese modelo de vida y solo cuando el cuerpo nos obliga a parar es cuando nos planteamos un cambio. Mientras tanto, podemos no solo destruir nuestra salud y bienestar, sino también nuestra relación de pareja. Porque cada uno vivimos y afrontamos el estrés de manera particular y podemos llegar a sentir la incomprensión de las personas que nos rodean.

Cuando llegas a tu casa, buscas ese remanso de paz en el que poder descansar y recargar energía —vuelve a leer el capítulo 2, «Entre la testosterona y la oxitocina anda el juego»—, pero la vida continua, y cuando metes la llave en la cerradura, los problemas y las preocupaciones están esperándote al otro lado de la puerta.

En lugar de cumplir con el sueño de llegar, descalzarte, quitarte la ropa que has llevado durante horas, ponerte lo más cómoda posible, aunque no lo más favorecedora, aparece para romper ese sueño tu hijo con algún problema o pidiéndote esa cartulina que necesita para el día siguiente, te encuentras la habitación desordenada, los platos de la comida sin meter en el lavavajillas o los calcetines tirados en el salón, sin moverse un ápice de como los encontraste por la mañana. Entonces respiras hondo, coges fuerza, y lanzas un bufido que ya les gustaría poder tenerlo a cualquiera de las especies que aparecían en los programas de Rodríguez de la

Fuente. Y ahí comienzas con ese diálogo interno que expresas en voz alta y que no hace más que aumentar ese enfado:

—No me lo puedo creer... Repito las cosas un millón de veces... No se puede ser más guarro... A mí nadie me entiende... Estoy agotada... Voy a hacer huelga de brazos caídos...

En ese momento lo mejor que puede pasar es que no aparezca tu pareja hasta que hayas calmado un poco a la fiera. Porque cuando entre por la puerta, tu cara tendrá un gesto claro de enfado, posiblemente ni te apetezca que te dé un beso, y no tardarás ni un nanosegundo en soltar por esa boca todo aquello que te lleva molestando desde hace años y que guardas a buen recaudo en tu cabeza. Pero ahí no se queda la cosa, a tus quejas —que él evitará comentar— se unirá que no te sientes ni escuchada ni respaldada y su respuesta será:

—He tenido un día horrible como para seguir con broncas en casa.

Y esa frase se te clavará en el corazón y, lo que es peor, en la memoria. En este instante hay dos estrategias que no siempre tienes la capacidad de elegir:

- Primera. Sigues con tu guerra amparada en el sentimiento de no poder más con la vida.
- Segunda. Decides callarte para no echar más leña al fuego. Pero, ¡ojo!, ese silencio no es gratuito, porque seguirás por lo bajini diciendo lindezas sobre tu pareja, tus hijos, tu trabajo, tu vida... Tienes para todos.

El estrés también es para parejas sin hijos

No pienses que este tipo de situaciones se da solo cuando tenemos una familia. No hacen falta hijos de por medio para que el estrés diario provoque una pequeña guerra en el hogar. Y si no, que se lo digan a Luis y Paco.

Llevaban diez años compartiendo su vida. Paco era absolutamente emocional, con una sensibilidad a flor de piel, y Luis era mucho más racional. Posiblemente esa diferente forma de ser fue lo que les atrajo e hizo que se admiraran. Salían muy temprano de casa y volvían al anochecer. Entre semana casi no compartían momentos juntos, más allá de coincidir en el sofá al final de la noche, por lo que aprovechaban el fin de semana para salir, hacer alguna escapada y quedar con amigos. Se puede decir que su foco de atención estaba en el trabajo, al que dedicaban la mayor parte de su vida. Luis viajaba mucho por temas laborales, y era un aspecto con el que se sentía feliz. Siempre había sido como una culebrilla que le gustaba llevar una vida frenética. Había comprado ese estilo de vida, en el que era habitual verlo con su portátil y con su móvil conectado casi las veinticuatro horas.

Paco vivía aparentemente en la tranquilidad y felicidad absoluta. Pero llegó un día en el que decidió montar su propio centro de fisioterapia, y esto le robó mucho tiempo durante los últimos meses. Nunca pensó en emprender, sin embargo, hay veces que la vida te coloca en situaciones que te hacen cambiar tus planes. Dejó precisamente la clínica en la que trabajaba porque quería organizar su tiempo, sin darse cuenta de que este y su negocio le estaban organizando a él.

Mientras lo montaba, todo era una auténtica locura, porque según su plan empresarial tenía que invertir muchas horas para que el negocio fuera rentable, y ya más adelante se podía plantear ampliarlo. Por el momento era su propia secretaria, veía a los clientes casi sin descanso y trabajaba hasta los sábados por la tarde.

Estaba cargado de energía en un principio porque era lo que quería y sentía que estaba invirtiendo esfuerzo en algo que era suyo, pero poco a poco fue dudando de su decisión al ver la complejidad y el cansancio que esto suponía. Luis, mientras tanto, seguía con su agenda repleta de trabajo, y consideraba que estaba en el mejor momento profesional.

Ambos se convencieron de que era cuando había que hacerlo, que eran jóvenes y que tenían que asegurarse su futuro. Con lo que toda la energía centrada en su trabajo era directamente proporcional a no solo su desgaste personal, sino también como pareja.

Entre ellos nunca habían sido frecuentes las discusiones y comenzaron a serlo, porque pasaron de disfrutar el tiempo que compartían juntos a los reproches. Paco no se sentía respaldado ni entendido por Luis. Pasaban mucho más tiempo en silencio, cada uno escuchando sus mensajes rumiantes, que hablando entre ellos. Cada vez el malhumor estaba más presente, y cualquier imprevisto que surgiera en su vida familiar suponía una gran losa para lo que no se sentían capacitados de afrontar.

No fue una situación que surgiera de un día para otro, simplemente esa relación excelente y de admiración se fue enfriando. Paco empezó a notar algunas de las consecuencias físicas: dolores musculares, falta de apetito, incapacidad para dormir como lo hacía antes. También había secuelas emocionales, y era su autoexigencia la que le provocaba sensaciones de ansiedad que, unido a su enfado permanente, hacía que se convirtiera en una persona gruñona.

Su móvil se podía decir que era la prolongación de sus brazos. No había un instante de descanso y en el que no existiera alguna preocupación. Se dio cuenta de lo complicado que era emprender y de la responsabilidad que tenía por ello. Eso hacía que se sumergiera cada vez más en el trabajo y que dejara hasta de disfrutar con él. Además, no tenía tiempo para distraerse o dedicarse un momento para cuidarse.

Luis decidió aprovechar sus ratos libres para hacer deporte. Al lugar que viajara siempre llevaba sus zapatillas de correr o bajaba al gimnasio de los hoteles, y esto le hacía sentir bien.

Las semanas que estaba Paco solo aprovechaba para ponerse todavía más clientes, y se olvidaba incluso de comer. Le gustaría compartir con Luis cómo se sentía, pero él estaba cada vez menos en casa. Había momentos en los que le movía el impulso de llamarlo, pero siempre lo cogía ocupado, así que para cuando Luis se liberaba, era ya bastante tarde y para entonces a Paco no le apetecía iniciar una conversación que no le llevaría a ninguna solución y a acostarse más tarde y no poder descansar. Y así se pasaban los días y las semanas.

Cuando se veían, en lugar de vivir esa ilusión del reencuentro, entre ellos había apatía y cualquier motivo era bueno para comenzar una bronca:

LUIS.—¿Has llamado al fontanero para arreglar el grifo?

PACO.—No he podido. Estoy a tope en el trabajo.

LUIS.—Hombre, para llamar por una avería que lleva tiempo. Eso te ocupa un minuto.

PACO.—Lo mismo que a ti. ¿Es que tengo que hacerlo yo todo?

LUIS.—¿Te crees que mis viajes son de vacaciones? El que está en casa eres tú.

PACO.—Aquí todos trabajamos, y yo llevo mi negocio. Tú tienes un salario fijo al mes, pero yo tengo que buscarme la vida. Soy quien lleva la casa, porque nunca estás. Casi no duermo para ver cómo puedo pagar las facturas. No me siento comprendido ni apoyado. Para ti es muy fácil hablar…

Y ahí comenzaban una vez más los reproches, que llevaban a que la pareja se fuera apagando cada vez más.

El estrés te lleva a una ambigüedad emocional, a un autoengaño, a un desorden interno donde los mensajes que te lanzas no son positivos, a no valorar lo que tienes y poner el foco de atención en lo que no tienes, a una falta de consciencia de ti mismo, a una necesidad de dañar si te dañan y a mantener la ilusión de que son los demás los que tienen que adivinar cómo te sientes.

Cambiar este *modus operandi* no es inmediato, y requiere de una toma de consciencia y un compromiso por querer eliminar aquello que te lleva a una vida en la que está más presente el enfado, la frustración, la necesidad de tener más que de sentir. Y este trabajo pasa por realizarlo individualmente para que tenga su efecto en ti, que comenzarás a relacionarte con tu pareja de distinta manera. Y, sin lugar a dudas, necesitas contar con la complicidad y el acompañamiento de la otra parte.

Cómo gestionar el estrés

Para mí, los pilares básicos para gestionar el estrés, que nos afectan individualmente y, por ende, a nuestra relación de pareja, son:

1. Parar a observarse

Con el estilo de vida que hemos comprado, no paramos a conectar con nosotros mismos, lo cual nos llevaría a un mayor autoconocimiento, observar e identificar nuestras emociones y pensamientos.

Vivimos con un GPS continuo que nos impide vivir el momento. Estar atento a lo que sucede aquí y ahora. Somos capaces, e incluso presumimos, de poder estar realizando cualquier tarea, bien laboral, bien personal, mientras hablamos por teléfono, conducimos sin prestar mucha atención a la ruta, ni a nuestras sensaciones porque nos sabemos el camino de memoria, salimos a hacer deporte y siempre nos acompañan unos cascos que nos valen de distracción, y somos capaces de ver nuestra serie favorita a la vez que estamos conectados a las redes sociales o al wasap.

Así que no tomamos consciencia, no disfrutamos de las sensaciones, no somos capaces de detectar si estas nos gustan o no. Vivimos a miles de kilómetros por hora y, cuando paramos, nos sorprendemos de que el cuerpo pare en forma de infección o malestar físico.

Protestamos porque ya no dormimos como antes o porque llevamos una época en la que se nos cae el pelo más de lo habitual. Las contracturas forman parte de nuestra vida, y tener dolor de espalda es lógico debido a las horas que pasamos frente al ordenador.

Seguro que has oído hablar del término *mindfulness,* que no deja de ser una filosofía de vida que te lleva a estar atento en lo que haces. De esa manera también eres consciente y dejas espacio a escucharte. No es fácil, porque tu mecanismo automático está acostumbrado a no estar presente, con lo que tienes que generar el hábito de estar atento a todo lo que estás haciendo, evitando que la mente se coloque en otro lugar.

Y como te podrás imaginar no es tarea simple, así que puedes empezar con lo que te resulte más sencillo. Para ello, tienes que poner la intención en hacerlo. ¿Cuándo? ¿En qué momento? En cualquiera. Puedes levantarte todas las mañanas y estar atento a tu cuerpo, a tu mente. Puedes proponerte desayunar sin mayor distracción, dejando el móvil, el periódico, la radio o la televisión. Sentarte con la taza de café, ver cómo está de caliente, si está como te gusta. Comiendo esas tostadas, permitiéndote sentir esos bocados... Puedes ir en metro o en bus, y sin cascos ni libro, elegir un trayecto en el que solo estés contigo, observándote...

Hay muchos momentos a lo largo del día en los que puedes elegir estar atento y observarte. Si pones en práctica esta fórmula, detectarás cómo estás emocionalmente, porque escucharás, con lo que podrás ver tu malestar, sentir si tu cuerpo está incómodo, podrás identificar las emociones por las que pasas. Y, si lo identificas, puedes actuar en ello. Puedes parar antes de tiempo, puedes decidir tener momentos para ti, aunque sean cinco minutos de respiración, y desacelerar el ritmo. Con lo que poco a poco harás que tengas control sobre ti ante las situaciones que te produzcan estrés, decidirás vivir de otra manera y afrontar los momentos que en otras ocasiones te secuestraban emocionalmente.

2. Entrenar los pensamientos

Si estamos acostumbrados a tener la cabeza en cualquier lugar, menos donde debe, nuestros pensamientos van a ir con ella. Durante el día tenemos miles de pensamientos. Se han dado muchas cifras al respecto, aunque la neurociencia dice que son unos noventa mil pensamientos diarios. La mayoría de ellos nos acompañan y nosotros no somos conscientes de ellos. Es nuestro «rumiar» interior, que lleva tanto tiempo produciéndose que no les prestamos atención. ¿Y piensas que todos son bonitos, potenciadores, motivadores? Pues claro que NO. Los pensamientos más habituales son limitantes. Son aquellos que nos boicotean, que nos llevan a la representación más pura del impostor, y son tan recurrentes que forman parte de nuestro hilo musical sin caer en la cuenta del efecto que tienen en nosotros.

Si la vida ya es estresante de por sí, ¿cómo no va a complicarse si nos estamos cuestionando, juzgando negativamente y vivimos en una alerta continua? Esto lo heredamos de la época de las cavernas, donde el cerebro estaba atento para sobrevivir, y para ello escuchaba las señales del posible ataque de un animal que nos podía devorar, de otra tribu que quisiera atacar o de ver si había alguna posibilidad de salir a la caza y alimentar a la tribu.

El cerebro se ha quedado con esa herencia y sigue con esa función principal de estar alerta para sobrevivir: se ampara en aquello que pasó y que fue nefasto, y se adelanta a lo que puede ocurrir, que será —según nuestro cerebro— mucho peor. ¿No te está entrando una presión en el pecho mientras lees esto?

Lo importante es saber resetear al cerebro, porque las circunstancias que vivimos ahora no son las de la época de las cavernas. Así que debemos aprender a actualizar el *software*. Te propongo que elijas los momentos en los que quieres empezar a practicar esa consciencia en el aquí y ahora. Para ello comienza a identificar los pensamientos que acumulas a lo largo del día. Posiblemente no los puedas captar todos, pero con que comiences con algunos de ellos y empieces a cuestionarlos te puedes dar por satisfecho. Ahora bien, ¿cómo hacerlo? Practicar la atención plena te ayudará a ser más consciente. En ese momento que escuchas la vocecilla, para y apunta ese pensamiento y comienza a cuestionarlo:

— ¿Cómo de cierto es?
— ¿Me vale para algo en este preciso momento?
— ¿Dónde me lleva?
— ¿Qué efecto tiene en mí?

Si la primera respuesta es un SÍ, pasa a la segunda y a la acción concreta que te puede ayudar. Si es un SÍ, pero en este momento no puedes hacer nada con ello, busca el momento o lo que necesitarías para afrontarlo.

Si la primera respuesta es un NO, déjalo pasar —puedes imaginártelo tirándolo a la basura—. Es importante que te detengas a pensar dónde te lleva ese pensamiento y el efecto que tiene en ti, para que seas consciente del daño que te hace, y con ello convencerte de que tienes que deshacerte de él.

Puedes hacerte con un anclaje que hará de recordatorio. Por ejemplo, crear una pulsera con dos colores, blanco y negro, y cada vez que aparezca ese pensamiento y seas consciente, valora si es negativo —mira la parte del hilo negro— o positivo —mira la parte del hilo blanco—, y hazte las preguntas que te dije anteriormente.

¿Sabes que más del setenta por ciento de los pensamientos

que tenemos son negativos? ¿Y sabes cuántos se cumplen? Muy pocos, el noventa por ciento de ellos no llegan a cumplirse nunca. A no ser que nos empeñemos en que eso ocurra.

3. Conectar con los valores

Los valores son los pilares, aquellos que nos hacen sentir que vivimos una vida en coherencia, aquello que prioriza en la vida lo que es más importante. Y habitualmente son generados desde la infancia, inculcados por la familia, aunque a lo largo de la vida podemos establecer cuáles son los nuestros.

Hay ocasiones en que no nos sentimos a gusto, que tenemos una sensación de apatía o tristeza. Muy frecuentemente tiene algo que ver con el incumplimiento que estamos haciendo de nuestros valores. Cuando tenemos que tomar una decisión más o menos trascendental en la vida, qué importante es que tengamos en cuenta los valores y que nos dejemos guiar por ellos.

Imagina que para ti la familia o la tranquilidad es uno de los valores más importantes que tienes, observa si los estás honrando. O por el contrario, no cumples con ellos: pasar horas en un trabajo ajetreado que no te deja tiempo para la familia ni para compartir momentos con ella. Si esto ocurre, generará en ti un malestar, que probablemente pagues con las personas más cercanas. Porque ese incumplimiento te llevará a sentirte estresado, a no ser la persona auténtica que esperabas.

Si en tu relación la confianza, el compartir o el agradecimiento son valores claves, y no los honras, posiblemente lo que desencadene sea una lista de discusiones. De la misma manera que si es importante la comunicación, y entre vosotros no existe, la pareja se resquebrajará —pero de ello hablaremos en el próximo capítulo—. Con lo cual, comienza a observar si el no honrar a tus valores puede provocar ese estrés en ti.

4. Organizar el tiempo

Es una de las tareas pendientes de la mayoría de la población. Si lo hiciéramos y dejáramos espacio a lo que es realmente importante para nosotros, seguro que eliminaríamos una gran parte de estrés, y, además, mejoraría la relación de pareja.

Claro que esta es una tarea individual que debéis compartir. Porque cuando vivimos en pareja no se trata de que uno de los dos organice bien el tiempo para eliminar muchos de los momentos que nos llevan a discutir. En este caso organizar bien el tiempo de manera individual lleva a organizar bien el tiempo en pareja. Y cuando lo consigues la convivencia es mucho mejor.

Si nos fijamos en los datos puros y duros: un día tiene veinticuatro horas. De ellas aconsejan que durmamos al menos siete horas. Con lo que si restamos estas cifras, nos quedan unas diecisiete para vivir con pasión el día que tenemos por delante.

Regla de oro

¡Prioriza! Organizar bien el tiempo se trata de esto, no hay mejor fórmula. Establece tus tareas según su orden de importancia y urgencia.

Decide qué tiempo quieres dedicarle a cada tarea. Deja momentos para ti, aunque sea tumbarte y no hacer nada —es buenísimo, cuando lo pruebes me lo cuentas—, y ten presente las horas que pierdes. Dónde están las distracciones, dónde se encuentran esos ladrones del tiempo que no te llevan a cumplir con lo que deseas, y, por lo tanto, es una gotita más en tu estrés.

Regla de oro

¡Delega! Esa maravillosa acción que permite que parte de tus tareas las hagan otros y que tan poco ponemos en práctica, sobre todo las mujeres, que creemos que la manera en cómo hacemos las cosas es la mejor y única de todas.

Cuando descubras que hay cosas que pueden hacer otras personas y tengas la fuerza de voluntad para no increparles porque no lo han hecho como tú querrías, serás mucho más feliz y vivirás con menos estrés.

En mi anterior vida era mucho más perfeccionista de lo

que lo soy ahora. Te lo aseguro. Y había muchas tareas, ya no digamos en el trabajo, sino también en mi vida personal, que debía hacer yo porque era quien mejor lo hacía. Una de ellas: hacer la cama. ¡No estira nadie las sábanas como yo!, te lo garantizo. Pero esto me supuso durante muchos años invertir tiempo en hacer perfectamente la cama y por supuesto la de nuestros hijos. Y, claro, en esta perfección no entraba salir de casa sin hacer la cama —ahora mismo soy capaz de ir al gimnasio sin hacerla y sin ventilar la casa—. Con lo que para determinadas tareas, como esta de la que te hablo, o poner el lavavajillas, solo podía hacerlo yo. Cada vez que mi marido la hacía, yo solo veía miles de arrugas debajo de la colcha, y pensaba: «¡Qué desastre de hombre!» «¿Cómo puede hacer así la cama y quedarse tan tranquilo?». Yo creo que me llegaba a salir urticaria. Había un instinto dentro de mí que me llevaba a volver a hacerla. Así que mi familia decidió no hacer la cama nunca más porque, total, yo la iba a deshacer. Y cuando eso ocurría, ¿qué crees que pasaba? Que yo entraba en esa queja habitual en la que verbalizas lo agotada que estás, que no tienes ayuda, que siempre eres tú la que tienes que hacer todo, y piensas con total seguridad: «Con lo poco que cuesta hacer las cosas bien» —o sea, a mi manera—. Y como este ejemplo te puedo poner muchos más. ¿A qué te suena?

Así que no me quedó más remedio para crear mi nueva vida que dejar que los demás hicieran las cosas aceptando que no las harían nunca como yo. Pero que igualmente eran las correctas.

Regla de oro

¡Comparte! Además, como no vives en una serie de Marvel y no eres un superhéroe o una superheroína, repartir las tareas de casa, al igual que puede ocurrir en el trabajo, es la mejor fórmula que existe.

Y esto de compartir no solo lo tienes que hacer con tu pareja, sino que debes ponerlo por costumbre con tus hijos, que teniendo en cuenta sus edades siempre podrán colaborar en alguna tarea. Te puedo asegurar que se vive en una mejor armonía.

En el trabajo ocurre lo mismo. Delegar es un acto de madurez que ayuda a un mayor crecimiento del equipo que tienes o con el que trabajas. La autoconfianza se afianza, y tienes la energía y el tiempo suficiente para centrarte en aquello que solo puedes llevar tú.

Tres pequeñas acciones que eliminan esa necesidad de hacer mucho y en solitario, y que no hace otra cosa que aumentar estrés a tu vida y a tu relación de pareja.

5. Aprender a decir no

Qué gran tarea, ¿eh? ¿Te haces a la idea de cuántas preocupaciones, obligaciones y desgaste desaparecen con estas dos letras? NO.

Ay, pero decir esta palabra mágica nos crea el miedo y la inseguridad de no ser aceptados, que las expectativas que tienen los demás sobre nosotros no se cumplan y creemos que nos alejamos de lo que es ser una buena persona y una buena pareja. Así que vivimos continuamente con las ganas de poner límites, pero nunca lo hacemos. Algo que también arrastramos de la época de las cavernas cuando, además de cumplir con nuestra necesidad básica, que era la alimentación y que nos permitía sobrevivir, necesitábamos ser aceptados y que la tribu no nos rechazara.

El no decir NO supone una mayor dosis de estrés tanto en la vida personal como en la profesional. Y esto nos genera un malestar que nos lleva a vivir enfadados y, además, gracias a nuestra capacidad retentiva, a vengarnos en cuanto la ocasión lo permita.

Llevas una semana de locos, estás deseando que lleguen el sábado y el domingo para descansar y no tener horarios, y de repente te encuentras con la sorpresa de que tu pareja ha decidido invitar a unos amigos a comer. Tú los quieres, pero este fin de semana no querías hacer nada.

PAREJA.—Cariño no te preocupes, si son de confianza. Pedimos unas cosas y así no cocinamos.

TÚ.—*(Apretando bien los dientes).* Vale, cariño. Como quieras.

TU YO SINCERO.—¿Cocinamos? Si casi todo lo hago yo. Y encima no se da cuenta de que estoy agotada. Siempre me hace lo mismo. Y eso de que no voy a hacer nada es mentira, y, además, después de comer no me puedo tumbar porque estos son de los de quedarse hasta las mil. Pero, claro, si digo que NO, va a pensar que soy un rollo de persona, que me quejo por no relacionarme y que cuando me lo propone protesto.

TU YO DEL FUTURO.—Duermes ese día poco, te levantas antes de lo que quisieras y aunque pidáis chino, tú siempre pones un aperitivo. A tu pareja se la ve tranquila, así que eso no hace más que generar un mal humor en tu interior, en el que estás deseando cualquier pequeño detalle para tener una bronca.

TU YO VENGATIVO.—El próximo domingo viene mi hermana con los niños a comer a casa. Arrieritos somos…

Decir NO más que una virtud debería convertirse en una obligación, y una manera de ponernos en primer lugar. Para ello debemos tumbar muchas creencias heredadas que nos llevan a pensar que por ello somos egoístas o malas personas. Cuando es una manera de establecer unas prioridades, cumplir con nuestros valores, eliminar estrés innecesario y borrar cualquier posibilidad de discusión.

Qué diferente sería si ante esa comida que a ti no te apetece nada dijeras:

—NO, cariño, este fin de semana estoy agotada y quiero descansar. ¿Lo pasamos al próximo?

Pero para esto más que valer, debes entrenar. ¿Y cómo hacerlo? Te voy a dar uno de los trucos que te ayudará día a día a poner en práctica esta herramienta y eliminará muchos problemas de vuestra vida en pareja y de la tuya propia. EL DISCO RAYADO.

¿Cómo lo ponemos en práctica? Muy sencillo. Repetir una y otra vez la respuesta negativa que quiero dar. «No, cariño, este fin de semana no invites a nadie a casa. Si te parece lo dejamos para el siguiente» —puedes unirle eso de «llevo una semana agotada y quiero descansar», pero no es necesario—.

Como tu pareja no se dará por vencida a la primera, prepárate para repetir en un tono calmado la respuesta una y otra vez. Si, además, eres capaz de extender esta técnica a otros momentos de tu vida personal y profesional, verás cómo el nivel de estrés comienza a descender.

No vas a poder evitar que haya situaciones estresantes, pero cuando tú las identifiques, aprendas a gestionarlas y a tomarte la vida con calma, tu bienestar y tu relación de pareja mejorarán.

10
CUANDO NO ESCUCHAS BIEN LO QUE TE ESTOY DICIENDO

Ya te adelanté en las anteriores páginas que este capítulo era importante para ti, porque resolveremos la manera de poner en práctica esa gestión del estrés a través de la comunicación. Y porque para mí es uno de los principales pilares para que una relación de pareja sea sana.

Somos seres eminentemente comunicativos. Lo hacemos desde el mismo momento en el que nuestras madres nos traen al mundo. Nos comunicamos principalmente por la palabra, pero no es esta la que transmite más información, sino que son los gestos los que hablan por nosotros aunque queramos fingir, y aportan coherencia entre lo que decimos y lo que sentimos. Así que, aunque en muchas ocasiones mantengas el silencio, esto no significa que no digas nada, y por mucho que tu pareja no sea experta en comunicación no verbal, no te preocupes que se dará por enterada. Otra cosa muy diferente es que se haga la despistada.

La comunicación nos ha permitido sobrevivir a lo largo de los años, nos ha permitido tener sentido de pertenencia y nos ha reconfortado, aunque no siempre la llevamos a cabo y no siempre lo hacemos de la mejor manera. Y el principal problema que yo encuentro es que nos han enseñado a hablar, pero no a comunicarnos bien, y aquí existen todo tipo de variables: desde no saber qué es lo que siento, cómo me encuentro, qué necesito realmente, por lo que será difícil que lo transmita, hasta optar por el silencio, evitando cualquier tipo de enfrentamiento, pasando por utilizar una comunicación agresiva con los demás, que en ocasiones tapa la propia inseguridad y creemos que a través de la imposición, de los gritos o de las amenazas conseguiremos aquello que queremos sin pensar en los demás.

Porque en este trabajo de comunicación juega un papel muy importante la empatía, habilidad de la que todos hablamos pero que no siempre ponemos en práctica. Lo cual nos lleva a centrarnos en nuestro propio ombligo sin tener en cuenta que hay otras maneras de ver las cosas, de sentir y de pensar.

Otro obstáculo que se deriva de todo lo anterior es la ausencia de una escucha activa, aquella en la que nos centramos en lo que nos transmiten, evitamos quedarnos en nuestros propios pensamientos, en la que no damos nada por sentado, sino en captar lo que dice, lo que piensa y cómo se siente nuestro interlocutor. Y, en este sentido, somos más de oír que de escuchar.

Esto ocurre en el ámbito personal y profesional, pero es precisamente en el círculo más cercano, como en nuestra relación de pareja, donde se acentúa mucho más.

Ser conscientes de ello puede ser doloroso, pero tiene el gran beneficio de la toma de consciencia, el punto de arranque para cambiar las cosas. Así que te lanzo unas preguntas:

— ¿En vuestra relación hay comunicación?
— ¿Existe una buena comunicación?
— ¿Y qué entiendes tú por una buena comunicación? Perdona que insista tanto.
— ¿Entras fácilmente en la discusión o te gusta tranquilizarte antes de decirle algo que le puede molestar?
— ¿Te dejas llevar por la fuerza de tu emoción y sueltas lo primero que te parece, o que llevabas guardado durante meses?
— ¿Eres de las personas que siempre tienes que tener razón?
— ¿Te cuesta explicar cómo te sientes?
— ¿Eres incapaz de pedir las cosas y cuando ya no puedes más, explotas?
— ¿El wasap te vale para tirarle toda la basura encima sin tener que verle la cara?
— ¿Te gusta hablar mirando a los ojos?
— ¿No escuchas lo que te está diciendo porque solo estás pendiente de lo que quieres decir tú?
— ¿Te pones en su lugar o todo lo contrario, porque la vida es únicamente como tú la ves?

Hace unos años una persona cercana a mí me comentó que estaba en proceso de separación. Tengo que confesar que no me sorprendió mucho, llámalo intuición, y en el momento en el que le pregunté qué había pasado se amparó en justificar su crisis en el desgaste de la pareja. Se desencantó, se cansó, se desenamoró, y sobre todo me dejó muy claro que nunca hubo una sola discusión. Eso que en principio nos lleva a pensar que más allá del dolor que supone romper ese proyecto en común puede suponer una «buena separación», fue la clave en esta relación y para que se produjera la ruptura: «Nunca hemos discutido, por no discutir ni hemos hablado, y ese ha sido nuestro principal problema».

COMUNICARSE ES MÁS QUE HABLAR

Podemos poner las excusas que queramos, alegar que llevamos una vida muy ajetreada, que pasamos mucho tiempo separados por el trabajo, podemos pensar, en el caso de que ocurra, que los hijos y su educación han hecho que nos centremos en ellos y no en la relación. Admitimos el pretexto que queramos, pero, siendo honestos, lo que ha faltado ha sido:

- — Dedicarnos unos minutos al día para saber cómo lo hemos pasado.
- — Preocuparnos por los sentimientos del otro, y no pensar que nosotros estamos peor.
- — Entender que hay otras maneras de ver y de vivir la

vida, y para que el proyecto siga adelante requiere de esfuerzo y dedicación.

— Aprender a decir las cosas, que es el quid de la cuestión.
— Comenzar a pedir lo que necesitamos sin esperar que el otro me lo dé por el simple hecho de conocerme mucho.
— Aprender a poner límites con el mayor de los respetos.
— No hacer de cada conversación una discusión porque es el único modo que entendemos de imponer las ideas.
— Pararnos a saber cómo estamos, qué sentimos, qué necesitamos, y hacia dónde queremos ir.

Hay personas a las que no les gusta el conflicto, prefieren dejarlo pasar, aunque eso nunca ocurre, y se va enquistando de tal forma que puede ser la mejor razón para que se produzca una separación.

Las causas pueden ser de lo más mundanas, producto de la convivencia, desde unos calcetines en el suelo del baño, un lavavajillas sin recoger, una lavadora que lleva toda la mañana pendiente de que se tienda, hasta no sentirnos reconocidos o no recibir lo que necesitamos de nuestra pareja.

Creemos en muchas ocasiones que hablar va unido a discusión, porque aparece el ego de cada uno haciéndose hueco sobre el otro. Y como el conflicto es algo que nos desgasta y damos por hecho que la bronca va a venir como postre, preferimos guardarnos eso que sentimos, que pensamos y que nos hace sentir cada día peor, en lugar de poder comenzar una discusión.

Hay otras parejas, que sí que se comunican, pero no saben cómo hacerlo. Y ahí adoptamos ese slogan «yo es que soy así y ya me conoces», para que no exista ni un solo resquicio de comenzar a cambiarlo. Así que comunicarnos a través de gritos, con la queja presente y atacando es la mejor versión que podemos ofrecer.

Y las hay, las menos, que deciden no solo mantener una comunicación con su pareja, sino hacerlo de manera sana. Escuchándola y explicándole cómo se siente, entendiendo cómo se puede sentir su pareja, evitando los reproches en su conversación.

Este último grupo no es el más extenso, pero tenemos la gran suerte de saber que es una habilidad que se puede entrenar.

Un día cualquiera... exploto

Seguro que te resulta familiar ese momento en el que llegas a casa después de un día agotador y te encuentras el salón sin recoger: el mantel sigue puesto en la mesa, las gallinas podrían comer durante meses gracias a las migas que no han recogido tus hijos y/o la ropa sucia sigue en ese rincón de la habitación o del baño, esperando a ser teletransportada.

O vas a poner una lavadora y encuentras que la que tú pusiste la noche anterior continúa sin tender. Que la ropa planchada desde hace tres días sigue en la misma posición, porque hasta la fecha, que sepamos, no se ha inventado la máquina que la lleve y coloque en el armario.

Vas a tomarte tu yogur favorito a media tarde y cuál es tu sorpresa que cuando abres la nevera está tiritando y ese yogur que guardaste para hoy se lo han comido sin pararse a pensar en bajar al súper para comprar más y todo lo que falta. En ese instante comienzas a notar un fuego que empieza por el estómago, aprietas mandíbula, aprietas manos y dentro de ti comienza un diálogo contigo…

—¡¿Pero es que no eres capaz de recoger la cocina?! ¡¿No te has dado cuenta de que el salón está patas arriba?! No le soporto, siempre dejando todo por medio. ¡Qué asco! Luego querrá ponerse mañana sus pantalones, pues lo lleva claro, ¡yo no pienso tender! ¡Estoy hasta las narices! ¡Qué egoísta! ¿No ves que no quedan yogures? ¿Tanto te cuesta bajar al súper?

Estos pensamientos, y muchos más, son los que aparecen en tu cabecita y hacen que te jures una y otra vez que a partir de hoy «vas a ir a tu bola». Ahora la diferencia radica en cómo lo exprese cada uno:

— Habrá quien mientras protesta más o menos por lo bajini recoja la cocina, ponga el lavavajillas, tienda la ropa y se vaya al súper, preguntándose por qué su madre no supo educarle y te ha dejado a ese cenutrio o cenutria.
— Otros se enfadarán y gritarán mientras lo hacen.
— Habrá quien estará más que enfadado y después del grito aparecerá una orden.
— Y en último lugar habrá quien lo guarde en su cerebrito y corazón y esperará la revancha en el momento

adecuado, en el que sacará toda su artillería almacenada desde el siglo pasado.

Ah, y en el caso de tener hijos, estos enfados se potenciarán por mil, y con total seguridad serán capaces de soltar el grito, con el tono más agudo que su voz sea capaz de emitir, para echarles la bronca solo a ellos.

Pocas veces vemos como opción superar ese pensamiento de «¿pero no se da cuenta? ¿Por qué se lo tengo que decir? ¿Se cree que la casa es solo mía?», para mirándole a los ojos, enfriado el enfado y con un correcto tono de voz decirle:

—Cuando terminemos de comer tenemos que poner el lavavajillas porque ahora no tenemos platos para cenar... Cómete los yogures que quieras, faltaría más, pero cuando veas que se gastan, baja, por favor, a comprar... Recoge los calcetines cuando salgas de la ducha, porque se acumula el olor... Yo no puedo hacerme cargo de todo, necesito que nos repartamos las tareas, que colaboremos entre los dos...

En el peor de los casos, y aunque el tono de voz cambie, si tu pareja está a la defensiva, seguro que se siente atacado, pero no de la misma manera que si lo dices gritando. Y en el mejor de los casos, y te puedo asegurar que será la respuesta más común, tu pareja te dirá:

—Lo siento, tienes toda la razón.

Cuando hemos visto cómo eliminar el estrés en nuestra vida para poder tener una sana relación de pareja, te comentaba lo importante que es compartir, delegar y tener una buena organización.

Un poquito de asertividad, por favor

También es clave que identifiques cómo te sientes para poder compartirlo con la persona con la que vives. Si no sabes ni siquiera lo que sientes, cómo lo vas a expresar. De la misma manera que tienes que detectar cuáles son tus necesidades para poder pedir eso que necesitas, sin esperar a que lo adivine.

Nos gusta jugar a adivinos, pero creo que a estas alturas del libro lo habrás interiorizado ya: la bola de cristal, para las películas. Y en todo ello es esencial la forma en la que te comunicas con tu pareja y familia. Debes aprender a ser asertivo, palabra que estamos hartos de escuchar, pero que no sabemos muy bien cómo aplicar. Y lo más importante en este proceso en el que aprendemos a comunicarnos es tener en cuenta los pilares más fundamentales.

1. Diálogo vs. discusión

Puedes aprender a dialogar sin tener que acabar en una discusión a gritos. Rosa y Ángel son un claro ejemplo de cómo el miedo al conflicto evita la comunicación en la pareja y la lleva al más absoluto de los fracasos.

Rosa lleva un tiempo desempleada y quiere realizar un curso que le puede aportar valor a su currículum y de esta manera tener la oportunidad de entrar de nuevo en el mercado laboral. Ángel trabaja en una pequeña empresa como contable y lleva acomodado en su puesto desde hace muchos años. Nunca se ha planteado cambiar y menos ahora que es el único sustento para la casa. Esto le causa cierta insatisfacción, por lo que prefiere pensar en su comodidad, y Rosa se siente presionada al ver lo que le está costando volver al mundo laboral. Además, sus dos cuñadas tienen una carrera profesional brillante y su suegra siempre está alabando sus logros. Esto hace empequeñecer todavía más a Rosa, que se compara continuamente con las personas que le rodean. Siente que nadie se pone en su lugar, que tiene una edad en la que le está resultando difícil encontrar un trabajo semejante al de antes. Su autoestima está por los suelos. No se siente ayudada ni comprendida, todo lo contrario, y esto hace cada vez más difícil la convivencia con su familia política.

Le gustaría poder decir a Ángel que le pidiera a su madre que no hiciera ciertos comentarios delante de ella. Le gustaría que sus cuñadas, ya que están tan bien posicionadas, le pudieran echar una mano en la búsqueda de empleo. Le gustaría decirle a Ángel que necesita su apoyo y comprensión, y que esta casa le está ahogando. Pero ella opta por el silencio.

Hablar claramente del tema les aliviaría a ambos. Ángel podría entenderla o al menos estar de acuerdo o no con sus pensamientos, pero poniéndose en su lugar, le expresaría su apoyo y su comprensión. A Rosa le ayudaría poder manifestar sus sentimientos, no dejando lugar a la frustración y a la ira. Enfriando esas emociones que están en plena ebullición y que solo provocan más malestar en ella y perjudican su relación.

Pero ya te he dicho que para Rosa iniciar esa conversación es comenzar un conflicto para el que no está preparada. Porque realmente lo vive así: un pequeño paso para pasar a las lágrimas, sentirse más incomprendida y generar más lejanía con su pareja. Pero aunque nos traguemos las palabras nuestro cuerpo habla. Y aparecen esas emociones reflejadas en su cara y en su cuerpo. Y Ángel percibe que Rosa no está bien. La ve malhumorada, triste, sin ganas de hablar, aislada en ella misma. Así que un día más en el que llega a casa y la ve a millones de kilómetros, aunque estén sentados uno junto al otro en el sofá, inicia lo que para él sería una conversación con una simple pregunta:

—¿Qué te pasa? Llevas toda la tarde seria.

—Nada.

—Nada no. Te pasa algo desde hace tiempo y no me lo cuentas.

—Déjalo, no quiero discutir

—Si no estamos discutiendo. Habrá que hablar las cosas.

—No vale de nada lo que te diga.

—¿Cómo lo sabes si no me lo has dicho?

—¿Ves? Ya estamos discutiendo.

Rosa se va hacia su habitación con un nudo en el estómago y con ganas de llorar, mientras Ángel le insiste:

—No, mujer, simplemente quiero hablar. Pero si no me dices qué pasa, yo no soy adivino.

Viendo que no consigue saber qué le pasa y que se va llorando, decide ponerse los cascos y ver en el iPad el documental que había empezado la noche anterior.

Mientras, Rosa se desahoga en el dormitorio, se encierra más en su pena y frustración. A la vez que sigue con ese diálogo rumiante en el que se repite una y otra vez «no me entiende», «no se da cuenta de nada», «debería pararle los pies a su madre», «si me quisiera de verdad, pediría a sus hermanas que me echaran una mano»... Pero esto se lo guarda para ella a buen recaudo.

Esta decisión no hace otra cosa que se tambalee más la poca seguridad que le debe quedar en este momento. Sentirse cada vez más alejada de su pareja y sentir hacia él una rabia inconmensurable. Esa rabia que paga con Ángel porque no es capaz de expresar lo que siente, le lleva a atrincherarse y a buscar todas las armas posibles para acabar con el enemigo, cuando no sabe que en este caso su enemigo realmente es ella.

Todo su malestar lo comparte con su mejor amiga, la que le anima a que hable con su pareja, pero se siente incapaz porque cree que Ángel va a estar a la defensiva, que no le va a escuchar, que se va a sentir atacado, que va a defender a su madre y a sus hermanas. Lo intenta más de una vez, pero cuando está a punto de hacerlo, solo es capaz de llorar y de no transmitir en realidad lo que necesita.

Qué fácil sería si simplemente le dijera:

—Llevo un tiempo sintiéndome mal. Estoy triste y preocupada. Frustrada porque no encuentro trabajo. Esto me está afectando a mí y a nuestra relación. Necesito más que nunca sentirme apoyada. Sé que para ti puede ser complicado y es posible que no estés de acuerdo conmigo, pero necesito que preguntes a tus hermanas si me pueden echar una mano. Cada vez que tu madre alaba así los trabajos de tus hermanas, yo me siento cada vez más pequeña...

En fin, hablarle de lo que siente, sin echarle la culpa ni en cara nada. Porque si lo hiciera, si le dijera:

—No me siento apoyada por ti. Tu madre está todo el día presumiendo de los trabajos que tienen tus hermanas; pues si tan importantes son, ¿por qué no me echan una mano? Tú no te das cuenta de que me siento incapaz de volver a trabajar, de que a medida que pasa el tiempo es peor. Estoy encerrada en estas cuatro paredes mientras tú sigues con tu vida. ¿Y quieres que encima esté feliz cuando llegas a casa?

¿Sabes lo que pasaría verdad? Ahí comenzaría una discusión sin protección en la que con total seguridad se dirían cosas de las que se arrepentirían y que les alejaría mucho más. Porque Ángel no se callaría, y al sentirse atacado y ver cómo ataca Rosa a su madre y hermanas, estaría más a la defensiva descalificando a su pareja.

Resultado de la primera opción: un ejemplo de poner en práctica la asertividad y comenzar una comunicación que ayude a los dos. Resultado de la segunda opción: el primer paso para el fracaso. Ya no solo por lo que ocurre en esta discusión, sino que tras la misma se habrá roto entre ellos la confianza, la aceptación, la cordialidad...

Qué distinto es el caso de Araceli y Sebastián. Parecen estar situados en el polo opuesto al de Rosa y Ángel. Las discusiones en casa son de lo más habituales, y las resuelven con los habituales gritos de Araceli a los que Sebastián ya se ha acostumbrado, aunque no dejan de irritarle.

Araceli es una persona que no acepta que los demás hagan las cosas de manera diferente a lo que ella considera que es lo correcto. Da igual que se trate de poner la mesa, meter los platos en el lavavajillas, hacer una comida o guardar la compra del supermercado. Su forma es la mejor de todas. Cualquier pequeña excusa vale para enfadarse y ella no es como Rosa, sino que explota a la más mínima y te podrás imaginar que por su boca sale cualquier improperio sin pensar muy bien en las consecuencias.

—¿Quién ha dejado la tapa del váter sin cerrar?... ¿Me podéis decir quién ha sido el cerdo que no ha guardado la ropa del gimnasio? Huele la habitación a pocilga... ¿Cuántas veces tengo que decir que los frutos secos se guardan en la primera balda?... ¡Estoy harta de repetir cómo se hacen las cosas! Yo no entiendo en qué pensáis. Y ya no puedo más. ¡Cualquier día me da algo!

—Mira, estás insoportable. Nunca te gusta cómo hacemos las cosas.

—Bueno, creo que con las veces que he explicado cómo se hacen es más que suficiente. ¿Habéis visto cómo está puesta la mesa?

—Y qué más da. ¿Tampoco te gusta cómo ponemos la mesa? Pues te digo una cosa: ¡paso! Haz las cosas como te dé la real gana. Yo no muevo un dedo, ¿para qué?

—Entonces que soy, ¿la criada de todos?

—Si eso es lo que quieres. ¡Estás todo el día gritando!

Araceli no entiende que las cosas se puedan hacer de diferente manera a como las hace ella. Es cierto que se carga con todas las tareas, y parece que nadie la escucha. Pero en su contra está que diciendo todo siempre en el mismo tono, en su casa, Sebas y sus hijos han aprendido a no escucharla mientras piensan: «Ya está otra vez gritando». Y cuando entra en ese modo, Araceli se convierte en una investigadora como Jessica Fletcher, que se dedica a buscar cualquier detalle que puede suponer una prueba más de su enfado. Bucle del que no sale, mientras no solo grita, sino que dice en voz baja:

—No puedo más. El día que yo me vaya, estos se van a enterar.

En ese momento, tras haber sacado todas las pruebas posibles para justificar y aumentar su enfado, llama a su madre, a su hermana o a una amiga, para desahogarse y contarles todas sus penas, sin dejar que las demás respondan, como mucho podrán decir «yo estoy igual». Parece que es lo único que le hace sentirse comprendida. Eso sí, que a su madre no se le ocurra darle alguno de sus consejos mágicos para dejar de sufrir, porque entonces tiene garantizado el bufido:

—Mamá, ¿pero qué te crees, que no lo he dicho y hecho mil veces?

Araceli es sumamente perfeccionista y está obsesionada con la limpieza. Tiene dos hijos mayores, que aunque viven todavía en casa, ya están trabajando. Tienen sus parejas y algunos fines de semana se van a la casa de la sierra. No pienses que en ese momento se relaja, sino que es mucho peor, porque cuando ve algo desordenado, fuera de su sitio o colocado de forma diferente a cómo lo hace ella, no tiene ningún problema en gritar al infinito:

—¿Quién ha dejado esto así?

Lo que provoca un enfado mayor en sus hijos y que cada vez pongan más excusas para estar los fines de semana juntos.

¿Cómo podría aplicar la asertividad Araceli? Lo primero de todo y más importante es trabajar la aceptación. Esto no quiere decir que no te enfades cuando veas la tapa del inodoro abierta o que cuando te vayas a sentar notes tus muslos mojados, algo muy habitual cuando compartes baño con hombres de todo tipo, edad y condición, porque el que miccionó anteriormente no tuvo puntería. El primer instinto es pegar un grito, pero si te controlas puedes quejarte de otra manera. Y aquí el tono y el volumen son los dos elementos más importantes. En lugar de gritar al infinito, puedes decir:

—Chicos, fijaos cuando vayáis al baño. No dejéis, por favor, la tapa del váter abierta y sentaos para hacer pis, porque es muy desagradable sentarte y mojarte.

Sí, sé que estás pensando: si lo dices una vez, vale, ¿pero si llevas cientos de veces? Busca otra estrategia que no sea repetirlo más: un cartel en la puerta y hasta si hay dos baños, dividir el de hombres y mujeres es un truco muy eficaz.

Volviendo a la aceptación, primero, dar por sentado que como tú nadie va a hacer las cosas, y, aun así, pueden estar bien hechas. O si lo prefieres, déjalo en hechas. Y si no, te recuerdo cómo tuve que aceptar que los demás no hacían la cama como yo. También tienes que aceptar que se hagan como los demás quieren. Silenciar tu ego y no entrar en la batalla de ver quién obtiene la mejor nota. Porque lo que todos queréis es que las cosas se hagan entre todos. Las notas, para más adelante. Segundo: ponerte las gafas de los demás. Ser capaz de mirar con sus ojos y valorar la importancia que tiene cada una de las cosas que te molestan. Si bien es cierto que creas tus hábitos, puedes dialogar desde la más absoluta tranquilidad y explicar cómo quieres que se hagan ciertas cosas y dónde se pueden guardar ciertos productos. Y en el caso de que se siga sin hacer como tú lo tienes organizado, tras más de un millón de veces repetirlo, siempre será oportuno llamar a la persona en cuestión y explicarle cómo crees que es mejor hacerlo. Si el lavavajillas no está limpio y te toca siempre ponerlo a ti, hay una opción muy drástica, que es no ponerlo, y, sin alterarte, esperar a ver cómo reaccionan cuando se den cuenta de que no tienen un vaso donde beber —aquí añades más resquemor que aceptación— o pedir una vez más que cuando vean el lavavajillas sucio lo pongan porque, si no, no tendrán platos donde comer.

Sé que cuesta y enfada soberanamente tener que repetir, anticiparte y explicar cosas que das por hecho, pero si no lo haces, lo único que conseguirás es enfadarte y todo seguirá como siempre.

2. No hablar cuando no procede

¿Te acuerdas que al principio del libro te decía que los hombres y las mujeres frente al estrés tenemos diferentes reacciones, necesidades y lo gestionábamos de manera distinta? Muchas veces en ese estrés que nos provoca el día a día, las mujeres necesitamos hablarlo y abordarlo en el preciso instante que ocurre, o que coincidimos con nuestra pareja. Ellos, por el contrario, necesitan sosegarse, recargar su testosterona, «sin hacer nada». Pues con esa intuición que Dios nos ha dado y con esa asertividad, observándonos y observando a los demás, debemos comenzar a elegir el momento más adecuado para hablar. Porque si no, lo único que conseguiremos será sentirnos abandonados con la creencia de que no les importan nuestros problemas, preocupaciones o quejas, y la frustración se hará mayor.

Posiblemente no sea lo más natural, pero sí lo más inteligente, poder decir a tu pareja mientras descansa viendo la televisión:

—Cuando puedas hablamos, que tengo que contarte una cosa.

Sé que a ti, mujer, te va a costar, pero si en ese momento intentas trasladarle cualquier sentimiento, preocupación, enfado, solo vas a conseguir que se cierre todavía más, y no te prestará la atención que tú te mereces. Así que buscad entre los dos la ocasión adecuada, y si hay algo muy urgente, házselo saber:

—Cariño, cuando puedas hablamos una cosa que me preocupa.

Esto no significa que no haya comunicación, sino que la habrá cuando los dos estéis abiertos a ello.

De la misma manera que en plena efervescencia de enfado, seguro que lo has comprobado más de una vez, solo conseguiréis decir las cosas más feas que pasan por vuestra cabeza. Consiguiendo herir a la otra persona, pero también a ti. La adrenalina que se reparte por tu cuerpo cuando aparece el enfado, y que es una inyección de energía cuando debes defenderte, en otros momentos puede hacer que te ciegue esta emoción que te secuestra en pocos segundos. Sientes cómo empieza a latir el corazón más fuerte, cierto calor en las extremidades, si pudieras ver la velocidad de la sangre en este momento, iría como un rayo, la temperatura corporal sube, y este instante es lo más parecido a cuando sale corriendo un caballo desbocado que no mira ni qué hay ni por dónde pasa, de tal manera que no serás capaz de expresar tu enfado como procede. ¿Cómo actuar? Callándote. Respira, relájate, y cuando estés más calmado estarás preparado para decirle a tu pareja: tenemos que hablar. Y desde esa serenidad que te permite haber callado a tu cerebro reptiliano y emocional, podrás expresarte después de pensar bien qué y cómo quieres decirlo. Hay veces que pueden pasar días, y tener la capacidad de esperar al momento oportuno, es garantía de éxito en la conversación.

3. Olvidar el wasap

Lo que más me sorprende de las nuevas generaciones —y de la nuestra también— es la facilidad que tenemos para darle con el dedito al teclado del móvil. Viviendo en esa inmediatez hemos sustituido las llamadas por los wasaps. ¿Para qué voy a esperar a hablar con alguien si puedo mandarle un mensaje ahora y ya me contestará? Además, el wasap se ha convertido en el nuevo espía para padres, parejas, compañeros, hijos y hasta vecinos. Porque puedes saber si le ha llegado tu mensaje, si lo ha visto, cuándo ha sido la última vez que se conectó o si está en línea en este instante. Esto no tiene mayor importancia si no se trata de un tema urgente —para lo que puedes optar por llamar— o estás en plena discusión.

Seguro que en más de una ocasión, tras un enfado monumental con tu pareja, le has mandado un mensaje demoledor, y estás pendiente de ver si le ha llegado, si lo ha visto, si no lo ha visto pero se ha conectado en línea más tarde, e incluso está conectado ahora mismo. Tú esperas la bomba de vuelta, pero no llega, y mientras, tienes tu conversación de wasap abierta para ver cuándo contesta.

En otras ocasiones mandas ese mensaje, tras el cual, lo dejas en silencio, lo dejas lejos de ti, y no quieres ni siquiera saber si lo ha visto o ha respondido. Pero más le vale hacerlo antes de que vuelvas a mirar la conversación, porque si no, el enfado irá *in crescendo*.

Ahora mismo, además, tenemos miles de emojis que nos permiten añadir valor a ese mensaje: carita enfadada, humo que sale por la cabeza, el diablo de mil colores.

Aunque pueda parecer increíble, no a todo el mundo le gusta emplear emojis, para eso tienen más éxito los gif, y no todos los entienden, así que nos podemos meter todavía en más confusión. Y, por supuesto, podemos añadir el principal de los problemas: no sabemos cómo ni con qué intención se manda ese mensaje porque solo leemos palabras, emojis y gif, con lo que parte de la comunicación nos la estamos perdiendo. Así que ha llegado el momento de sacar la fórmula mágica de la comunicación:

$$55 + 38 + 7$$

O lo que es lo mismo: los gestos representan el cincuenta y cinco por ciento de la información que trasladamos; paraverbal, tono, volumen, voz, el treinta y ocho por ciento y las palabras, el siete por ciento. La conclusión es sencilla: a no ser que mande una nota de voz —en la que me seguiré perdiendo la parte más importante como son los gestos— solo me quedo con las palabras, sin saber con qué intención me las dijo, no sé cómo era en ese momento su voz ni con qué volumen me lo traslada. Resultado: ERROR ASEGURADO. Así que si algo tienes que decir, más allá de recordar algo banal,o mandar un mensajito de amor representado con un corazón, lo mejor que puedes hacer es utilizar el wasap para ver cuándo habláis mirándoos a los ojos.

4. LOS ABRAZOS SON OTRA MANERA DE COMUNICAR

Gesto que deberíamos poner más en práctica. Nos cuesta dar abrazos de verdad, de esos en los que agarramos por la cintura o los hombros durante varios segundos y nos recargamos de energía, además de reforzar nuestra conexión.

No quiero hacer una disertación sobre los tipos de abrazos, pero sí que me gustaría que te fijaras en los que das a tu pareja. Quizás te tuviera que preguntar antes si los das. Porque con el tiempo esos besos apasionados pasan a ser esos besos de medio lado en la mejilla, y los abrazos que durante los primeros meses de relación eran nuestro estado confortable, han desaparecido de los gestos habituales.

A los hijos seguimos abrazándolos de la misma manera, si ellos se dejan, ¿pero a tu pareja? Y si has visto el peso que tienen los gestos en la comunicación, los abrazos no dejan de ser un gesto para acompañar, para consolar, para conectar y para perdonar y pedir perdón.

Porque hemos hablado durante estas páginas de los motivos y situaciones que nos llevan a discutir con nuestra pareja, a distanciarnos de ella, a desgastarla, pero no hemos hablado de la reconciliación. Y sí, aunque el sexo puede ser una solución inmediata —a mi entender no la más eficaz—, para apaciguar las aguas, sin duda, al abrazo le daría la categoría de la SOLUCIÓN DE LAS SOLUCIONES.

Aunque haya momentos en los que te cueste hablar y comunicarte con tu pareja, los abrazos pueden ser el paso previo para una reconciliación, pueden ser el contacto necesario cuando te sientes incomprendido, cuando necesitas un consuelo y cuando quieres pedir perdón y perdonar sin decirlo con palabras —aunque esa conversación quede pendiente de afrontar desde la serenidad—.

Hace muchos años en mi casa impusimos una norma: ABRAZARNOS MÁS. Y no lo hacemos de cualquier manera y en cualquier momento. Abrazarnos al llegar a casa, mirándonos a los ojos, durante unos segundos, tiene un poder curativo infinito. Porque conectamos, somos capaces de coger aire, y dejar los malos rollos fuera, nos lleva a un estado de calma y paz que hace bajar los niveles de cortisol en pocos segundos, aumenta la oxitocina y es una muestra más de mostrarnos amor.

Pero no te limites al final de la tarde, cuando solo estás pensando en quitarte los zapatos con los que llevas todo el día, estos abrazos pueden darse en diferentes momentos, yo te diría que te abrazaras muchas veces, con consciencia, con esa sensación de estar bien, en paz, y disfrutando de ellos. Te permiten volver a conectar con el para qué de esta pareja, del que muchas veces nos olvidamos. Te recuerdan sensaciones dejadas en segundo lugar de prioridades porque vas corriendo por la vida. Te permiten tomar consciencia, de ti y de vosotros.

Deja a un lado la tecnología y las ciencias adivinatorias. Expresa a tu pareja cómo te sientes, mirándole a los ojos, sin echar en cara nada y sin esperar siquiera una respuesta. Es el momento ¡de hacerse escuchar!

11
A PARTIR DE AHORA, ¡YA NO ME CALLO!

Hay frases míticas de nuestros padres que seguro que recordamos desde la tierna infancia, y con las que hemos soñado poder repetir cuando nos llegara el turno, aunque luego han sido menos reproducidas de lo esperado: «¿Te crees que tengo la máquina de fabricar dinero?», «Cuando seas padre, comerás huevos», «Esto se hace así porque lo digo yo»... Estas afirmaciones se van olvidando y nuestros progenitores van haciéndose mayores, con lo que van incorporando otras, como las apropiadas por las madres, que repiten una y otra vez pasados los sesenta y cinco años:

—Yo ya no me callo nada.

A veces tiene su propia versión de juramento:

—¡Yo ya no me callo!

Acompañada de un resoplido, un movimiento de barbilla, giro de cuello representando la negación con labios apretados hacia delante, y una mirada de reojo a los allí presentes. El efecto que tiene es contagioso, tanto que yo me escucho más de una vez reproduciendo la misma afirmación, y no he llegado a los cincuenta.

Posiblemente la generación de tu madre vivió con menos libertad y con menos posibilidad de exponer su opinión, por lo que una vez que ya ve que se hace mayor, cubre esa necesidad de no seguir siendo la mujer dócil y apocada para llevar con gran seguridad su estandarte de libertad de expresión.

Esta rotundidad en su declaración de intenciones tiene un objetivo claro: el señor esposo que está sentado tan tranquilo en el sofá o pasaba por allí por casualidad, y con el que lleva toda su vida, posiblemente conviviendo hace más de cincuenta años. En muchos de los casos será la única pareja que ha tenido y con la que han sobrevivido a todas las embestidas con las que la vida les ha sorprendido. Sobrevivir a cincuenta años de matrimonio se puede decir que es un milagro. Pero para milagro, lo que se dice milagro, es sobrevivir en pareja sin discusiones diarias cuando nos acercamos a la tercera edad.

Cuando la jubilación pone la vida patas arriba

El primer punto de inflexión en la relación de una pareja con una edad superior a los sesenta años es la etapa de la jubilación. Los tiempos van cambiando, pero para nuestros padres, que nacieron en las primeras décadas del siglo pasado, en la mayoría de los matrimonios el modelo familiar más habitual era el del padre trabajando fuera de casa y la madre ocupándose de las tareas del hogar, y, si había hijos, era la encargada de su cuidado.

Cuando llegaba el momento de la jubilación se esperaba entre júbilo y temor, porque aquel hombre que durante años había salido muy pronto de casa «para ganarse la vida» y que no llegaba hasta media tarde —en el mejor de los casos— se iba a convertir en su más fiel compañero.

Así que como nos ocurre a nuestra generación, en el que en el periodo vacacional es una oportunidad para conocer realmente a la persona con la que compartes tu vida, la jubilación supondrá para ellos la etapa de reconocer a la pareja. Y esto, como no, en ambos sentidos.

Marga y Juan son un ejemplo de ello. Llevaban juntos desde siempre. Eran del mismo pueblo y desde niños habían empezado a «festejar» —así por lo menos lo llamamos en Aragón al hecho de salir como pareja—. Él trabajaba en banca. Comenzó como botones, se fue formando y poco a poco ascendió. En su caso, como en el de otros compañeros, a no ser que surgiera alguna sorpresa, trabajó toda su vida en la misma entidad. Ella, que trabajó un tiempo para ayudar a la familia, en cuanto se casó se dedicó a «las tareas del hogar» y a cuidar a sus hijos según iban aumentando la familia.

Juan se marchaba muy pronto y venía después de comer, porque la relación con los clientes y establecer ciertos vínculos era importante para generar confianza, y a medida que tenía más responsabilidad, es lo que conllevaba su puesto de trabajo. Ella se despertaba, llevaba a los niños al colegio, arreglaba la casa, salía a hacer la compra, preparaba la comida, recogía a los niños que comían en casa y vuelta al cole hasta media tarde que los volvía a recoger. Por aquel entonces no eran tan habituales las extraescolares para cubrir las horas de trabajo de ambos padres. Los fines de semana quedaban con alguna pareja de amigos y los domingos era el día casero y dedicado a las familias por antonomasia.

Y así fue pasando su vida. Con momentos en los que estaban más holgados económicamente, otros más apretados, épocas en las que debían cuidar a sus padres que se hacían mayores... —la realmente cuidadora era siempre la mujer—, y para los que las mejores vacaciones eran para Marga y los niños ir al pueblo a pasar todo el verano mientras su marido se quedaba trabajando.

—Como en el pueblo, no se está en ningún sitio —decía a todas sus amistades.

Las horas de convivencia no eran muchas, y mientras tanto y al mismo tiempo que los hijos iban creciendo y se hacían más independientes, ella gozaba de todo el día para ir y venir donde quisiera. No rendía cuentas de casi nada, porque Marga fue ganando seguridad e independencia y consideraba «que podía hacer lo que le diera la gana», siempre respetando a su Juan, por supuesto.

Muchas de las vecinas de Marga se encontraban en la misma situación, así que era habitual que quedaran a desayunar o se fueran juntas al mercado, e incluso había un día al mes que comían fuera, en un restaurante por el centro de la ciudad, y aprovechaban para ir a hacer alguna compra o ver una exposición.

La vida pasa en un abrir y cerrar de ojos, y cuando menos se lo esperaban, sus hijos se casaron y empezaron a llegar los primeros nietos. Juan llegó un día a casa con la gran noticia:

—Marga, me han propuesto jubilarme.

—¿Jubilarte? Si eres muy joven. No llegas a los sesenta.

—Ya, hija, pero en el banco están adelantando las jubilaciones y, oye, las condiciones que me ofrecen son muy buenas. No sé lo que las mantendrán.

—Tú no aguantas jubilado.

—Algo se me ocurrirá. Estamos varios amigos igual.

En ese momento Marga ve peligrar su vida.

—Con lo bien que estoy haciendo lo que me da la gana y ahora ¿voy a tener a este hombre todo el día en casa? —le comentaba con cierta angustia a una amiga.

Luisa, su amiga, fue de las mujeres modernas en su época. Estudió Magisterio y daba clases en un colegio. Con lo que ella veía este momento de la jubilación como un verdadero descanso y no como una cruz.

—Uy, pues déjale bien claro que vas a seguir con tu vida.

—No lo quiero ni pensar. Este hombre, que no tiene ni un solo *hobby*. Yo me busco alguna clase de algo para no estar las veinticuatro horas con él.

Nadie caía en la cuenta de que este hombre, que llevaba desde bien joven saliendo de casa desde bien temprano, rodeado de gente y volviendo a media tarde, se enfrentaba al gran cambio de su vida: PARAR.

Los primeros tiempos no fueron fáciles. Discutían más que antes, a Marga le costó bajar la guardia. Estaba condicionada por ese juramento que se había hecho: «A mí este que no me controle», con lo cual ante la pregunta más inocente del mundo de Juan: «¿Adónde vas?» a Marga le nacía decir «Donde me dé la gana», aunque luego verbalizaba:

—Donde todas las mañanas desde hace más de treinta años. Al mercado.

Cogía las llaves, le daba un beso, mientras él estaba todavía en pijama leyendo la prensa, y salía dando un portazo y rumiando.

—¿Pero es que me lo tiene que preguntar todo?

Otro momento en el que se producía algún que otro roce estaba relacionado con el dinero. Marga toda su vida había dispuesto de un dinero para los gastos del día a día. Como era muy hormiguita, siempre ahorraba un poco, y les daba una propina a los hijos, a los nietos o, simplemente, se lo gastaba en algo que le apetecía.

Juan, economista de espíritu, llevaba las cuentas al día. Pero ahora que estaba en casa, se pasaba las mañanas revisando recibos, pagos y preguntando en qué se había gastado esto o aquello.

Ahí Marga no se callaba:

—Siempre he organizado muy bien la economía familiar, no vas a venir ahora a preguntar... Si no sales a comprar,

¿cómo sabes lo que cuestan las cosas?… Antes comía yo sola, y con cualquier cosa me apañaba, desde que estás en casa, gastamos más… Ni que nos faltara el dinero…

Tenía respuestas para todo.

—¿Es que no se te puede decir nada? ¿Te he dicho yo que no compres? —respondía Juan.

—Hombre, si estás todo el día con los tiques.

—Si te parece. Yo estoy ya jubilado, y, oye, cuando se seque la vaca, ya veremos.

—¡Madre mía!, ¡te has vuelto un tacaño!

—¡Tacaño, no!, pero hay que tener previsión.

Y así un día tras otro iban surgiendo los roces. Cuando llamaban los hijos, uno u otro se desahogaba, y los chicos intentaban apaciguar como podían.

Llegaron las primeras vacaciones y Marga estaba tan contenta de irse para el pueblo, con el deseo de que allí Juan se distrajera más. Pero los amigos de él estaban todos trabajando, así que las mañanas se le hacían eternas hasta que llegaba la hora de la partida de mus. Todas las tardes quedaban los amigos en uno de los bares y pasaban el rato tan a gusto.

Marga dejaba las cosas organizadas y se marchaba a la piscina hasta que llegaba la hora de comer.

Juan quería irse unos días fuera. Pero Marga se negaba, más ahora que los nietos pasaban una parte del verano con ellos. Ella no se movía de allí. Así que esta era otra razón por la que pelear, un día tras otro.

Cuando llegaron de ese primer verano, y viendo que ya tenían poca paciencia, decidieron poner las cosas claras. Mejor curarse en salud: Juan estaba más entretenido en la capital. Y a medida que sus amigos y otros compañeros del banco se fueron jubilando, fue creando sus propias rutinas. Todas las mañanas se marchaba con un grupo u otro, se iban a caminar, tomaban un café, otro día se acercaban a la Bolsa a ver cómo iban las cotizaciones... Empezó a aficionarse a la cocina, y como sus hijos querían verle entretenido, decidieron regalarle un curso para que empezara a practicar.

Juan y Marga comían en casa y por las tardes, o bien se iban a ver a los nietos —había veces que tenían alguno malo en casa—, o bien les requería algún hijo para hacer alguna chapuza. Unas tardes quedaba Marga con sus amigas —ya Juan no preguntaba— y él se quedaba distraído con cualquier cosa. Poco a poco se fueron adaptando a esa nueva vida, con momentos para ellos, y otros para ir a su aire.

Parecía que esta primera etapa estaba superada. No existía la paz permanente, porque siempre había alguna pregunta que a Marga le ponía los pelos de punta, pero se puede decir que cada día iban mejor.

—¿Otra vez vas a la peluquería?

—¡Cómo que otra vez! Si he ido toda mi vida una vez a la semana, pero como tú no estabas y no te fijabas. Muy aburrido estás para estar pendiente de estas cosas.

Y Juan que no quería broncas, prefería dar la callada por respuesta.

El silencio está sobrevalorado y la discusión demasiado presente

A la vez que se iban haciendo más mayores, compartían mucho más tiempo juntos. Y les gustaba. Pero tener muchas horas por delante sin mucho que hacer suponía entretenerse en algo. Marga ya apuntó maneras desde que se jubiló Juan, pero con los años en ella surgía esa necesidad interna de no callarse absolutamente nada.

Había sido una hija dócil, una mujer —según su perspectiva— bastante dócil también, con sus hijos y nueras se había callado más de una vez por no generar una bronca —de aquellas maneras, porque en cuanto se iban, se despachaba bien a gusto—, y un día se levantó, se miró al espejo —sin gafas para no verse las arrugas— y decidió que ya era hora de no callarse más. ¿Cuál fue la razón? Ninguna o muchas, solo ella lo sabe. Pero cayó en la cuenta de que había cumplido setenta y cinco años, y que con educación a partir de ese momento lo que le pareciera mal, lo iba a decir. Que ya estaba harta de que le sacaran punta a todo, que no iba a pasar ni un fallo más. Y que si estaba descontenta, disgustada o decepcionada, su boca no se iba a quedar sellada. Que eso de irse a la tumba quedando cosas por decir, no podía ser bueno. Y así fue, se daban las conexiones de astros perfectas:

Mucho tiempo + Poco que hacer + Aburrimiento
+ Juramento en pro de la libertad de expresión

El primer día que lo puso en práctica fue uno de esos a los que a su marido se le olvidó que tenía cita con el médico para mirarse la tensión. Se encontró a la enfermera que era vecina, y le preguntó si le pasaba algo a Juan que no había ido a la consulta. Ella se quedó sorprendida porque su marido era una agenda andante. En cuanto llegó a casa, ¿te puedes imaginar qué hizo?

—Juan, ¿tú no tenías que ir hoy al médico?

—¿Yo? Hoy no, tengo que ir mañana.

—¿Mañana? Si me he encontrado a la vecina y me ha dicho que tenías cita hoy.

—Ay, madre, que pensaba que era mañana y no hoy.

—¡Qué bien! Don Perfecto también se olvida de las cosas.

—¿Don Perfecto?

—Sí, tú. Don Perfecto. Que cuando nos olvidamos de algo, siempre nos lo echas en cara, y tú también te olvidas de las cosas.

—¿Cuándo me he olvidado yo de algo? La primera vez en mi vida.

—Pues eso. Que también te equivocas.

—Esta mujer es insoportable —lo dice en voz baja—. Para una vez que me olvido.

—Mira, Juan, que te he oído. Insoportable, no. Pero siempre estás a ver dónde fallo. Pues que sepas que tú también te equivocas.

Marga había desarrollado la gran capacidad de la memoria selectiva. Una mujer con memoria selectiva es invencible. Lo anota todo, y cuando menos te lo esperas, saca toda su artillería.

Un domingo tenían comida con hijos, nueras y nietos en casa. Y su hijo mayor les pregunta por los médicos. ¡Ha llegado el momento tan esperado para Marga!

—Tu padre, fenomenal. Se confundió de día y no fue a tomarse la tensión.

—Pero mira qué es esta mujer. Un día se me pasó. Me líe y pensaba que estaba a lunes y era martes.

Es en ese momento cuando Marga saca toda su artillería pesada, esa que llevaba guardando desde hacía un mes, y como si de una metralleta se tratara, empezó a lanzar su ráfaga.

—Luego me olvido yo de cosas, o me equivoco en algo, y ya está vuestro padre echándomelo en cara. Pues él también se equivoca, el otro día...

Bla, bla, bla, bla... Y ahí empieza con su clara demostración de que su marido no es perfecto, que a ella se le olvidará comprar limones, pero que él también se olvida de cosas. Todos los errores de su marido los lleva tatuados en su cerebro, y en cuestión de minutos están otra vez con el mismo rifirrafe. Mientras, Juan no para de protestar y de poner caras. Y es cuando ella decide compartir con todos los allí presentes su nuevo mantra: «Yo, es que ya no me callo».

Los hijos miran entre estupor y risas, y se preguntan cómo se van a repartir la custodia de sus padres.

Regla de oro

Ver, oír y callar.

Hijo o hija, sí, tus padres se van haciendo mayores. Ojalá lleguemos como ellos, pero no intentes mediar en estos conflictos porque saldrás perdiendo. Seguro que buscarán tu apoyo, y a no ser que esté la cosa muy clara, lo mejor es no meterse en medio. Ellos se quieren, se adoran y es un entretenimiento más. Míralos con ternura, y cambia de tema en cuanto puedas.

Demostremos que la experiencia es un grado

Tú, padre o madre, tienes todo el derecho del mundo a expresarte como quieras, pero ¿qué tal si pones en práctica eso que hemos hablado a lo largo de este libro?

— Aceptación. Lleváis más de treinta años juntos, os conocéis a la perfección. Asume que vuestros defectos se multiplicarán por mil a medida que cumpláis años. Acepta las nuevas etapas y ponte en el lugar de la otra persona. Mucho de lo que consideras rareza de tu pareja no dejan de ser miedos encubiertos. ¿A estas alturas vais a comenzar *La guerra de los Rose*?

— Comunicaros. Dejando a un lado lo que me dijiste o lo que nunca te dije. Es decir, desde el rencor. Hablad de vuestros sentimientos, deseos, miedos, preocupaciones... Nadie os va a entender mejor.
— Dejad espacios para vosotros, incluso en la misma casa. Tener vuestros momentos os ayudará a sentir esa libertad que la edad os está quitando.
— Buscad nuevas aficiones. Nunca es tarde para hacer cosas nuevas, en pareja o solos. Aprender hará que vuestro cerebro esté más joven.
— No olvides lo que os trajo hasta aquí. Qué es lo que os enamoró y qué ha hecho que después de tantos años sigáis juntos (exceptuando los matrimonios tóxicos, en los que nunca es tarde para decir adiós).

Tumba esas creencias que te hacen pensar que en la jubilación no se puede vivir en paz. Disfruta de esta etapa con la madurez de los años y con la ilusión de lo nuevo que esté por llegar.

12
Te digo adiós y me voy

Hace unos días, viendo el documental que ha hecho Fernando León de Aranoa sobre Joaquín Sabina, el gran músico decía que sus mejores canciones surgieron tras rupturas o ante amores tormentosos. Entre risas, y con la boca pequeña, aseguraba que esperaba que su mujer le dejara para volver a hacer una gran canción. Y es verdad, si nos fijamos en los grandes éxitos de la música, siempre tienen como argumento el dolor que produce un mal amor, una ruptura o una traición.

En los últimos tiempos tenemos el claro ejemplo de Shakira, quien tras la ruptura con su expareja, el futbolista Gerard Piqué, y viéndose abandonada y engañada por él, supo exponer y rentabilizar ese dolor a través de diferentes canciones, en especial la que realizó con el productor Bizarrap, que en pocas horas consiguió el primer puesto en la lista de éxitos.

Más de una persona rota de dolor o con la sensación de abandono escuchó, como si de un altavoz de su corazón fuera, los sentimientos que afloran cuando rompes con una pareja en la que habías depositado amor, esperanza e ilusión. Pero no todas tienen la posibilidad de poderlo contar o cantar al mundo entero, así que esas letras se convirtieron en su propio mantra.

Las rupturas forman parte de muchas relaciones, aunque nadie comienza una con una fecha de caducidad, y tampoco nos han enseñado a gestionar esas rupturas, porque lo que nos hicieron creer es que siempre seríamos felices y comeríamos perdices. Por lo tanto, intentamos una y otra vez darnos más oportunidades, buscamos la fórmula mágica para que este adiós no se produzca. Sin embargo, hay veces, que más allá de las intenciones, los deseos, las promesas y los miedos, no queda otra que decir adiós. ¿Cuándo? ¿En qué momento nos tenemos que dar por vencidos? ¿Hay una época mejor que otra? ¿Cuántas veces tenemos que intentar que esto funcione? ¿Cuántas oportunidades tenemos y nos tenemos que dar?

No tengo la experiencia para decirte cuándo es el mejor momento, o después de cuántos intentos hay que dejar a la persona con la que creaste ese vínculo. Siempre que hablemos de relaciones sanas, porque en el resto de casos habría que hacerlo en el primer instante en el que se cruzan ciertos límites, pero esto daría para otro libro.

Buscando el equilibrio en la balanza

Lo que sí te puedo decir es qué señales debes tener en cuenta para decidir si tu relación, a pesar de todos los esfuerzos, tiene que darse por finalizada.

Cuando iniciamos una relación de pareja buscamos, aunque sea sin saberlo, que esa persona nos dé aquello que nos complementa. Nos dejamos llevar por un impulso, por una atracción, por un latir del corazón a toda velocidad. Nos damos cuenta de que a partir de ese día algo cambia en nuestra actitud, y solo a medida que nos vamos conociendo somos capaces de ver si realmente queremos crear un proyecto con ella.

Hablábamos al principio del libro de lo importante que es que te cubras de tus propias necesidades para poder desarrollar una relación sana. A la vez que saber en qué te complementa esa persona para poder reconocer si a pesar de ser diferentes o no, podáis amaros sin mesura y superar los embistes de la vida.

Durante estos años han sido muchas las personas que se me han acercado a realizar un proceso de *coaching* y en muchas ocasiones se ha puesto sobre la mesa la relación con sus parejas. Siempre les hago la misma pregunta: ¿qué necesitas de una pareja? Parece una cuestión sencilla, pero tiene sus matices. «Qué necesitas» no se refiere a las carencias que existen. «De una pareja» no hace alusión a «tu pareja», sino a una persona con la que vas a crear un vínculo. La conclusión es que en la mayoría de los casos no sabemos qué necesitamos de una pareja. O lo que es lo mismo, para qué nos embarcamos en una relación.

Todas las relaciones que mantenemos a lo largo de la vida, bien sean en el terreno personal, bien en el profesional, se pueden describir como una carretera de doble sentido. A excepción de las que mantenemos con nuestros padres o las que mantendremos con nuestros hijos, en todas las demás, para que una relación funcione, tenemos que dar y tenemos que recibir. ¿Pero qué es exactamente lo que necesitan los demás de nosotros y qué necesitamos nosotros de los demás? Ahí está la clave. De una pareja podremos necesitar amor, conversación, honestidad, compañía, apoyo, diversión, libertad, admiración, serenidad… Y así infinidad de aspectos que hacen que, posiblemente, podamos tener parejas muy parecidas a nosotros o, lo opuesto, precisamente porque nos complementamos. Una vez que contestan esta primera pregunta, sin personalizar en la pareja que tienen en la actualidad, les pregunto:

—¿Qué os están dando vuestras parejas?

Aquí sí que personalizamos. Lo que les dan puede ser algo que necesiten o todo lo contrario.

Por ejemplo, Elena y Jaime era una pareja que llevaba de relación más de quince años. Anteriormente ambos habían tenido otras con las que crearon sus familias, por lo que desde el principio tuvieron muy claro que no serían una pareja convencional, para precisamente permitirse ciertos espacios y poder desarrollar cada uno de ellos su papel de progenitores independientemente de la nueva relación. Así que mantenían cada uno su casa, donde convivían con sus hijos, y cuando no los tenían a su cargo, compartían todas las horas que podían. Veían su relación como un noviazgo eterno, lo que para Jaime era un aspecto muy importante después de lo traumático que fue su divorcio.

Para ellos era la relación perfecta. Los momentos que compartían eran perfectos, los disfrutaban, y sentían que tenían las mismas ganas que al principio de la relación. No convivir tanto tiempo evitaba muchas discusiones, y se fueron acomodando a ese estilo de vida.

Los años fueron pasando y comenzaron a tener que lidiar con otro tipo de problemas. Por un lado, los padres de ella eran muy mayores, y tuvo que centrarse mucho en su cuidado. Para Jaime la vida era trabajo, y dedicaba todas las horas del mundo a sacar adelante su empresa.

Aceptaban que esto fuera así. Era la libertad que habían acordado tras sus rupturas anteriores. Pero a la vez se fueron volviendo más egoístas. Elena requería más atención por parte de Jaime. Los días eran agotadores para ella, ya que, al ser hija única, era sobre la que recaía todo el peso del cuidado de los padres, además de tener que compaginarlo con su trabajo, y que lidiar con los problemas que suponía tener dos hijos adolescentes.

Jaime solo pensaba en sus problemas, y cada vez que hablaba con Elena era para quejarse de todo lo que tenía que solucionar, le transmitía lo desmotivado que estaba, y cuando tenían unos días para poder desconectar y estar juntos, él estaba con la cabeza en otro lado.

Elena necesitaba desahogarse, pero no era Jaime quien mejor le escuchaba. Así que esa independencia y libertad le empezó a suponer una gran carga. Antes tenía el aliciente de esperar esos días que compartían para pasar tiempo juntos, hablar, reírse, hacer planes. Y ahora ninguno de los dos tenía las mismas ganas. Ella siempre tiraba del carro, porque quería enormemente a Jaime. Le admiraba. Se reía con él, aunque ahora el humor brillara por su ausencia. Pero por otro lado sentía que necesitaba que le escuchara, que le entendiera, que le transmitiera su apoyo moral. Que un día le sorprendiera con una cena increíble, y que por unas horas pudiera olvidarse de sus problemas familiares. Pero nada de esto ocurría.

Hablando un día con una amiga, con la que se desahogaba, le transmitió entre lágrimas que creía que esta relación estaba llegando a su fin. Esta la animó a hablar con Jaime una vez más. Siempre había existido una gran comunicación entre ellos, y tenía que sincerarse. Pero Jaime, con una excusa o con otra, evitaba esa conversación. Posiblemente porque suponía mirarse a un espejo y reconocer lo egocéntrico que era y lo poco que estaba ayudando y acompañando a su pareja. Y no estaba preparado para afrontar una charla en la que hubiera reproches, hablar desde el corazón, y tener que llegar a tomar una decisión.

Elena lloraba una y otra vez, y repetía:

—Yo solo quiero que esté a mi lado. No le pido que me ayude a cuidar a mis padres, pero una simple pregunta interesándose por mí, entendiendo que no estoy bien, mi apatía, mi pena, sería más que suficiente... Que un día se presentara en mi casa para charlar o, simplemente, para abrazarme. Pero no, soy yo la que siempre voy a su lado a escucharle sus problemas laborales. Necesito junto a mí a una persona positiva que me transmita energía y calma, y en su lugar me encuentro a alguien negativo. El poco tiempo que tengo cada vez me apetece menos compartirlo con él.

¿Te puedes imaginar cómo acabó la historia? Sí, con una ruptura. Más allá de lo que había sido y supuesto esta relación, de los intentos de salvarla, Elena sintió que cuando más necesitaba el apoyo y la compañía de su pareja, menos lo había recibido. Además, sentía que ella siempre había estado a su lado: cuando se cambió de trabajo, cuando creó su propia empresa, apoyándole durante los litigios que mantuvo con su exmujer, renunciando a pasar tiempo con él cuando Jaime tuvo que ocuparse de una de sus hijas con varios problemas... y ahora, la primera vez que pedía auxilio, no lo obtuvo. Dieron igual las conversaciones y peticiones, las nuevas oportunidades, porque Jaime no sabía, no podía o no quería salir de su propia burbuja.

No se trata de echar la culpa a nadie, aunque es lo más fácil y lo que más consuelo ofrece, pero cada uno de nosotros pasamos por diferentes momentos en los que posiblemente no tenemos la capacidad de escucharnos ni de escuchar a la persona con la que convivimos. No se trata tampoco de ser mejor o peor, hay veces que no podemos, que no sabemos cómo afrontar esas peticiones que nos hacen. No somos capaces de ofrecer lo que necesitan de nosotros. Podemos forzarlo, pero no nace de nuestro interior, con lo que se puede convertir en un parche momentáneo, pero no se transforma en la manera que tiene la pareja de vivir esta relación. ¿Qué hacemos cuando un trabajo no nos da lo que necesitamos? Buscamos otro que nos lo ofrezca. ¿Qué ocurre con una amistad de la que no recibimos lo que necesitamos? La rompemos.

Exactamente igual ocurre en la pareja. Ya lo vimos cuando hablamos del sexo o de la ausencia del mismo, que solo mostraba un problema mucho más importante que existía entre ambas personas. Si yo me encuentro sola, si mi pareja no es capaz de escucharme, de acompañarme, de sostenerme cuando más lo necesito, mis relaciones sexuales desaparecerán. Mi deseo se olvidará. Y esa conexión que existió antes terminará. Y, aunque duela, hay que tomar una decisión.

Crear y honrar los valores de pareja

Otro punto esencial en la creación y mantenimiento de una relación sólida es establecer los valores que guiarán a esa pareja. Cada uno partimos de nuestros propios valores, pero crear y honrar unos en común la hace más sólida todavía. Hay ocasiones en que esto puede suponer una gran fricción, porque no se comparten los mismos pilares, pero de no hacerlo, a la larga la pareja se desgastará, irán con rumbos diferentes, y cada vez será más apreciable la distancia entre los dos. Comunicación, gratitud, respeto, tradiciones, compromiso, tolerancia, paciencia, perdón, honestidad, responsabilidad, justicia, libertad, confianza, sencillez asertividad, humildad, flexibilidad, admiración, y empatía pueden ser alguno de ellos.

Establecer los cinco valores más fundamentales que se honrarán en esa pareja supone establecer el cauce por el que sabremos si esa relación va por buen camino o no. No honrarlos puede implicar el principio del fin.

En la relación de Elena y Jaime también se habían dejado de honrar varios de los valores que eran importantes para ellos. Libertad, confianza, comunicación, empatía, respeto y honestidad eran los pilares que hicieron que esta relación tan atípica funcionara durante años.

Para Elena, la empatía, la comunicación y el respeto se habían dejado a un lado desde hacía tiempo. Sin estos se rompía otro de los valores como era la confianza. Sentía que ya no contaba con él, que daba igual lo que sintiera porque no lo podía compartir. Es más, esta desconfianza le hizo creer, y aún lo piensa, que otra persona se interpuso entre los dos. Aunque Jaime lo negó siempre. Así que no solo veía que su pareja no había sido capaz de darle lo que necesitaba, si no, y además, que los valores más importantes que sostuvieron a esta relación ya no estaban presentes.

No quedaba otra. Había que despedirse, con el mayor dolor, con la sensación de un nuevo fracaso, con la tristeza que supone abandonar un proyecto en común. No fue fácil poner fecha a este fin, y hacerlo del mejor modo posible. ¿Hay alguna fórmula mágica para afrontar este momento? En su caso fue más fácil porque no había unos hijos de por medio. Cada uno lo vivió a su manera y sus tiempos fueron distintos. Elena había llorado durante tanto tiempo, le había dado tantas vueltas, que lo hizo con mucha más serenidad. Jaime tuvo que digerirlo de otra forma y esta ruptura supuso una nueva excusa para volcarse mucho más en su trabajo.

Ambos quedaron con la autoestima y la confianza por los suelos, y cada uno de ellos tuvo que reencontrarse por separado y en el momento en que cada uno estuvo preparado.

Unos pasos vitales en esta etapa de ruptura

En algunos casos, seguro que has visto cómo el dolor y la sensación de fracaso se han convertido en una auténtica guerra. El ego aparece en forma de «hacer la pascua» al otro, porque es la única manera que se tiene para sentir que se cumple con ese ánimo de venganza. Por lo tanto, aprender a identificar y gestionar las emociones en estos instantes es uno de los pasos para poder afrontar el dolor y la decepción. La sensación de abandono o de no haber estado a la altura. El sentimiento de pérdida que supone una separación. Otro es darle el lugar que corresponde a esta ruptura, no poniendo la vista en el presente sino en el futuro: ¿Para qué se produce esta ruptura? ¿Qué me llevo de este momento? ¿Qué busco con ella?, pueden ser algunas de las preguntas que debes contestarte.

Seguro que habrá muchas razones y muchas finalidades, pero la más importante, sin duda, es que ambos seáis felices. Saber qué valores vas a seguir cumpliendo, evitando de esa forma algunas actuaciones que te pueden llevar a pensar que calmarán tu dolor más inmediato, pero que a la larga verás cómo te distancian de lo que es fundamental para ti.

Trabajar la aceptación. Primero de lo que se está produciendo, aunque te cause un inmenso dolor, porque será el modo de dejar el rencor a un lado, que es el peor veneno que puedas consumir. Ese dolor te está avisando que algo va mal, que algo está fallando, como ocurre en el organismo cuando te avisa de que hay una parte del cuerpo que está dañada. El dolor, por muy duro que sea, te permite sobrevivir. Este dolor, posiblemente, te haya hecho ver que mereces algo que no tienes, que eres más válido de lo que creías, que por delante tienes toda una vida para ser feliz.

De la misma manera que debes aceptar los sentimientos y los tiempos que tiene tu expareja para resolver esta situación. Para algunos será una barbaridad, ya que se sienten con el alma herida y ven imposible aceptar aquello que causó dolor, pero después de los llantos, de las lágrimas, la situación seguirá tal y como está ahora. Desahogarse forma parte de la cura de ese dolor, pero no va a cambiar tu nueva realidad.

Trabajar el sentimiento de culpa. Esto no hará más que incrementar esa sensación de inutilidad, la desconfianza en uno mismo, y aflorarán los sentimientos que no te ayudarán a retomar tu vida. Cambiar el sentimiento de culpa por el de responsabilidad te ayuda a crecer y a actuar. Y cuando las aguas se calmen, cuando descansen los sentimientos, estarás preparado para dar las gracias y decir, definitivamente, adiós como pareja.

Gracias por los momentos vividos, porque exceptuando algunos casos, si no ha sido una relación tóxica, seguro que habéis tenido bonitas experiencias. Gracias por lo que has aprendido de ti en todo este camino. Y gracias por decidir ese adiós. Habrá ocasiones en que te venga impuesto, pero sabes mejor que nadie que no podría haber sido de otro modo.

Romper una relación puedes verlo como un fracaso o como parte de un nuevo éxito. No se trata de buscar culpables, sino de aprovechar la ocasión para reconocerte.

EPÍLOGO

No pretendo convencerte de la felicidad que aporta vivir en pareja. Tampoco lo haré sobre la libertad que da no hacerlo. Sin duda, vivir en pareja, formar una familia y permanecer unidos hasta nuestro último día es una opción, pero no debe convertirse en una obsesión.

Nos educaron a muchas generaciones con el objetivo de crecer, formarnos, crear un vínculo y, por supuesto, una familia, y esto en muchas ocasiones ha provocado que se sobreviva, pero no se viva en pareja. Ahora bien, si yo encuentro a una persona con la que siento una gran atracción, nos amamos, me complementa, compartimos valores, crecemos juntos y somos felices, debemos tener claro que si de la amistad dicen que es como una planta que hay que regarla todos los días, la del amor debe ser una mimosa púdica o, lo que es lo mismo, la planta más sensible al entorno. Y a esta no solo hay que regarla todos los días, sino que tenemos que ir colocando varias guías que por un lado la refuercen y, por otro, no hagan que se tuerza o se rompa.

Eso es lo que he querido resumir en estas páginas, cómo a través del sentido del humor, del interés por el otro y por ti puedes vivir feliz y de manera duradera en tu relación de pareja.

El amor, la escucha, la comunicación, la empatía, el equilibrio, la libertad, la generosidad, son algunos de los ingredientes que hemos aportado a lo largo de los diferentes capítulos. Y lo hemos hecho a través de diferentes parejas, en situaciones cotidianas, con experiencias con las que muchos nos sentimos identificados. Para algunos, entre los que me incluyo, vivir en pareja es una fortuna, y una elección de vida que supone un trabajo diario y que puede ser reversible.

A pesar de cuidar a esa mimosa púdica, no siempre está asegurado el éxito, y aceptarlo también forma parte de mi felicidad y de la otra persona con la que creé una vida en común y con la que cumplí muchos de los sueños compartidos.

Espero, querido lector, que este libro te ayude a redescubrirte y a redescubriros, a empezar a mostrar tu mejor versión, a ir cerrando heridas, que muchas veces nos empeñamos en que sigan abiertas, y a vivir en pareja de una manera mucho más práctica y feliz.

www.ingramcontent.com/pod-product-compliance
Lightning Source LLC
Chambersburg PA
CBHW031720030525
25992CB00003B/20

* 9 7 8 8 4 9 1 3 9 9 8 1 0 *